Klauenpflege beim Rind

Klauenpflege beim Rind

Dr. Carl H. Clemente

Dritte, überarbeitete Auflage

VerlagsUnion Agrar

DLG-Verlag Frankfurt (Main)
BLV Verlagsgesellschaft München
Landwirtschaftsverlag Münster-Hiltrup
Österreichischer Agrarverlag Wien
Büchler Grafino AG Bern

CIP-Titelaufnahme der Deutschen Bibliothek

Clemente, Carl H.:
Klauenpflege beim Rind / Carl H. Clemente. - 3., überarb. Aufl. - Frankfurt (Main) : DLG-Verl. ; München : BLV-Verl.-Ges. ; Münster-Hiltrup : Landwirtschaftsverl. ; Wien : Österr. Agrarverl. ; Bern : Büchler Grafino, 1995
 (VerlagsUnion Agrar)
 ISBN 3-7690-0528-7

Die Vervielfältigung und Übertragung einzelner Textabschnitte, Zeichnungen oder Bilder, auch für Zwecke der Unterrichtsgestaltung, gestattet das Urheberrecht nur, wenn sie mit dem Verlag vorher vereinbart wurden. Im Einzelfall muß über die Zahlung einer Gebühr für die Nutzung fremden geistigen Eigentums entschieden werden. Das gilt für die Vervielfältigung durch alle Verfahren, einschließlich Speicherung und jede Übertragung auf Papier, Transparente, Filme, Bänder, Platten und andere Medien.

© 1995, DLG-Verlags-GmbH, Eschborner Landstr. 122, 60489 Frankfurt/Main

Satz: Fa. Grüßing, 37202 Witzenhausen
Gesamtherstellung: Druckerei Neubert, 95444 Bayreuth
Printed in Germany: ISBN 3-7690-0528-7

VORWORT

Auf Anregung des DLG-Verlages wurde 1983 der Teil "Klauenpflege" der von ANDRIST erstmals verfaßten Broschüre "Huf-, Horn- und Klauenpflege" neu geschrieben.

Aufgrund der immer weiter fortschreitenden Mechanisierung der Klauenpflegegeräte, veranlaßt durch große Rinderbestände und zunehmende Pflegebedürftigkeit des Klauenhornes, befaßt sich diese Schrift ausschließlich mit der KLAUE DES RINDES.
Es soll versucht werden, dem Klauenpflegenden, daß heißt also im allgemeinen dem Landwirt selbst, soviel an Wissen zu vermitteln, daß er mit dieser Broschüre gewissermaßen eine Selbstpflege-Anleitung für die Klaue des Rindes zur Hand hat. Durch die Vermittlung genauerer Sachkenntnis über Klauen soll das Verständnis dafür geweckt werden, daß nicht nur die Technik in der Landwirtschaft Fachkenntnis erfordert, sondern ebenso der mit Technik verbundene Teilbereich "Klauen am lebenden Nutztier".
Aus diesem Grunde wurde die 2. Auflage überarbeitet und um die Kapitel "Feinbau des Hornes" und "Einflußfaktoren auf das Klauenhorn" erweitert.
Die negativen Nebenerscheinungen der **nur** hochleistungsselektierten Rinderzucht in Verbindung mit konzentrierter Fütterung und technisierten Aufstallungsverhältnissen gehen auch an der Klauenhornbildung des Rindes nicht spurlos vorüber.
Daher sind die Zeiten lange vorbei, in denen die Rinder, vor allem aber die Milchkühe, vernachlässigte Klauenpflege und versäumten Klauenbeschnitt anstandslos verkrafteten. Der Landwirt wird daher gezwungen sein, sich mehr und mehr mit Erfolg um das Sachge-

biet "Klauenpflege" selbst zu bemühen.
Da die Klauenpflege mehr umfaßt als nur den Klauenschnitt, wurde der Begriff "Klauenpflege" weiter gefaßt. Denn jede Klauenpflege beginnt mit dem Bereitstellen klauengerechter Lebensbedingungen für das Rind durch Züchtung, Fütterung und Aufstallung.

Für die Anfertigung der sehr anschaulichen Zeichnungen danke ich sehr herzlich Frau Barbara RUPPEL und Herrn Georg STEINBERGER.

Altenmark/Alz
Dr. Carl H. CLEMENTE
FTA für Chirurgie

Inhaltsverzeichnis

VORWORT	**5**
AUFBAU DER KLAUE	**11**
Stützelemente	**11**
Der Hautüberzug	**11**
Die Klauenunterhaut	13
Die Klauenlederhaut	13
Das Horn	**14**
Die Klauenoberhaut, das Klauenhorn	14
Die Afterklauen	16
Der Feinaufbau des Hornes	16
Der Klauenhornschuh	18
Die Klauenhornsohle	19
Weiße Linie	20
Hohlkehlung	21
NORMALE KLAUE	**23**
Abmessungen der normalen Klaue	23
Das Klauenpaar	25
STALLKLAUE - KLAUENPFLEGE	**26**
Die Entstehung der Stallklaue ist hausgemacht	**26**
Entstehungsfaktoren der Stallklaue	**27**
Zuchtwahl	27
Fütterung	28
Aufstallungsbedingungen	29
Fehlender Klauenbeschnitt	30

Stallklauenbildung - ein Teufelskreis	31
Pantoffelklaue	33
Schnabelschuhklaue	33
Scherenklaue	33
Rollklaue	33
Zerfallshornklaue	35
BLEIBEND VERFORMTE KLAUEN UND ZEHEN	**38**
Stallklauen, bleibend verformte Stallklauen und Zehen	38
Flach-, Voll- oder Senkklauen	39
Bärentatzigkeit	40
Spreizklauen	41
Angeboren verformte Zehen und Spitzwinkelklauen	42
Stumpfwinkelklauen	42
VERSCHIEDENE AUFSTALLUNGSARTEN	**44**
Die Weide	44
Anbindestall	**44**
Mittellang- und Langstand	44
Kurzstand	45
Laufstall	**45**
Mit Einstreu-Tiefstand	45
Ohne Einstreu	45
Mit Spaltenboden und Liegebox	45
Fehlerhafte Aufstallungen	**47**
Anbindestall - Kurzstand (mit Gitterrost)	47
Anbindestall - Kurzstand mit Mistgraben	48
Laufstall mit Spaltenboden und Liegebox	48
Laufstall ohne Einstreu	48
Einfluß auf das Klauenhorn bei Stallneubezug	49

Inhaltsverzeichnis

KLAUENSCHNEIDEN	**50**
Warum Klauenschneiden?	50
Wie oft Klauenschneiden?	50
Wann Klauenschneiden?	51
Klauenpflegegeräte	53
Klauenpflegestand	54
Klauenpflege-Kipptisch	55
Klauenschneiden - Methoden	**55**
Allgäuer Methode	**59**
Normal geformte Klauen	59
Stallklauen	59
Flexmethode mit der Winkelschleifmaschine	**64**
Normal geformte Klauen	65
Stallklauen	66
KLAUENKRANKHEITEN	**76**
Klauenlederhaut	76
Wirtschaftliche Bedeutung	76
Die Lahmheiten	77
Langsam verlaufende Klauenleiden	**77**
Bluterguß an der Klauensohle	77
Das Klauengeschür (nach Rusterholz)	79
Die Ballenhornfäule	80
Zwischenklauenwulst (Schnecke, Limax)	81
Die Klauenrehe, Senk-, Flach-, Vollklaue	83
Schnell verlaufende Klauenleiden	**83**
Sohlenwandabszeß (eitrig-hohl)	83
Panaritium	84
Nageltritt	84
Gabelstich	85
Klauenbeinbruch	85
Abriß des Klauenschuhes	86
Die verschnittene Klaue	**87**

Die Grenze für die Klauenpflegenden	88
Umstallen klauenkranker Rinder - Krankenstand	90
Verbände	96
Heilmittel	98
Holzklötzchen-Kunststoff-Aufbau	98
LITERATURVERZEICHNIS	101
BILDVERZEICHNIS	103
STICHWORTVERZEICHNIS	105

AUFBAU DER KLAUE

Stützelemente

Als Klaue wird das unterste der drei Zehenglieder (der Reihe nach, von oben)

— Fesselbein,
— Kronbein,
— **Klauenbein**

mit seinem Hautüberzug bezeichnet. Die zum Klauenhorn umgebildete Außenschicht der Klauenhaut bildet den verhornten Klauenhornschuh (Abb. 1).

Zu den inneren Stützelementen der Klaue gehört das Klauenbein, der untere Abschnitt des Kronbeines, das Klauensesambein, der Bandapparat der Gelenke sowie der Endabschnitt der Streck- und Beugesehne, wobei die oberflächliche Beugesehne an der oberen Kante des Kronbeines ansetzt und die tiefe Beugesehne direkt am Klauenbein endet und dabei das Klauensesambein überdeckt.

Der Hautüberzug

Der Hautüberzug der Klaue kann nach Schichten und Abschnitten gegliedert werden.
Entsprechend den drei Schichten der Haut sind an der Klaue

— Klauenunterhaut,
— Klauenlederhaut,
— Klauenoberhaut

ausgebildet.

Darüber hinaus können an der Klaue fünf Abschnitte

— der Saumabschnitt,
— der Kronabschnitt,
— der Wandabschnitt,
— der Sohlenabschnitt,
— der Ballenabschnitt

unterschieden werden.

12 Aufbau der Klaue

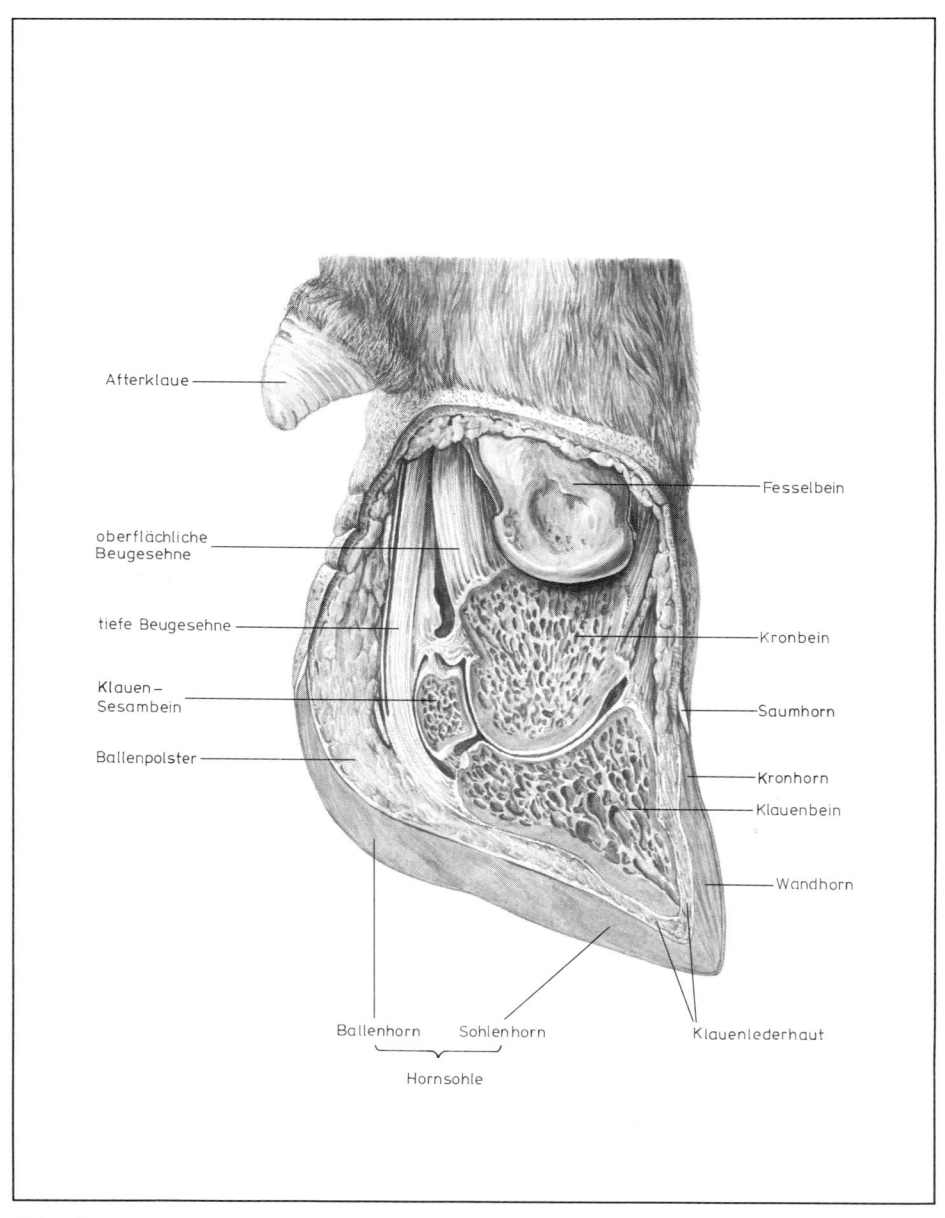

Abbildung 1: Aufbau der Afterklaue

Die Klauenhaut - Die Klauenlederhaut

Strahl- und Eckstreben kommen an der Klaue im Gegensatz zum Huf nicht vor. An allen diesen Abschnitten lassen sich die drei Schichten der Haut nachweisen.

Die Klauenunterhaut

Die Klauenunterhaut überzieht die Stützelemente der Klaue wie Knochen und bänder der Gelenke. Sie weist an den fünf Abschnitten

— Saumabschnitt,
— Kronabschnitt,
— Sohlenabschnitt,
— Ballenabschnitt und
— Wandabschnitt

eine unterschiedlich starke Entwicklung auf.
Sie bildet an der Vorderwand der Außenfläche jeder Klaue das Saumpolster, hinten das Ballenpolster und das schwache Kronkissen, welches an der Klaue von vorne nach hinten verläuft.

Die Klauenlederhaut

Die Klauenlederhaut liegt der Klauenunterhaut auf und bildet mit ihr sowie mit den Knochen und Bändern die für die Klauenlederhaut kennzeichnende Blättchen- und Zöttchen-Oberfläche (Abb. 2).

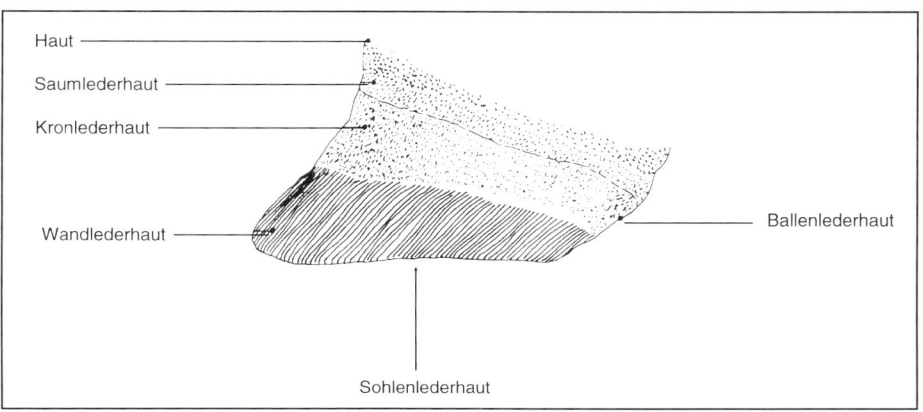

Abbildung 2: Klauenlederhaut

Aufbau der Klaue

Die fünf Abschnitte der Klauenunterhaut wiederholen sich in der Klauenlederhaut. Sie trägt am Saum-, Kron-, Sohlen- und Ballenabschnitt *Zöttchen* und am Wandabschnitt *Blättchen*.
Die mit Zöttchen versehene Saumlederhaut tritt als Saumwulst an der Klauenkrone in Erscheinung.
Die *Saumlederhaut* ist sehr schmal (5 bis 8 mm) und geht unter Verbreiterung in die Ballenlederhaut über. Die Kronlederhaut ist wesentlich breiter (1,5 bis 3,0 cm) und geht ebenfalls in den Ballen über.
Nach unten hin folgt auf die Kronlederhaut die *Wandlederhaut*. Sie ist etwa so breit wie die Kronlederhaut, sie besitzt *Hornblättchen* und trägt die Hauptlast des Körpergewichtes, welche auf der Klaue und dem Klauenhorn lastet.
Die *Sohlenlederhaut* geht ohne sichtbare Grenze im klauenspitzenwärtigen Drittel der Sohlenfläche in die Ballenlederhaut über. Als *Ballenlederhaut* wird der Lederhautbereich an der Klauensohle bezeichnet, der dem Ballenpolster aufliegt. Beide - Sohlenlederhaut und Ballenlederhaut - haben Zöttchen.

Das Horn

Die Klauenoberhaut, das Klauenhorn

Die Klauenlederhaut paßt mit ihren Blättchen und Zöttchen wie Nut und Feder in die Klauenoberhaut.
Die Klauenoberhaut ihrerseits besteht aus drei Schichten, und nur sie alleine hat die Fähigkeit, Klauenhorn zu bilden.
Die Klauenoberhaut liegt mit dem von ihr gebildeten Klauenhornschuh wie eine Abgußform äußerst stabil der Klauenlederhaut auf.
Die Klauenoberhaut weist die gleichen fünf Abschnitte auf wie die Klauenlederhaut:

— das weiche Saumhorn,
— das feste Kronhorn,
— das Wandhorn
  = Hornwand,
— das zähe Sohlenhorn,

Das Horn 15

das ohne sichtbare Grenze in geht
— das weiche Ballenhorn über- = Hornsohle.

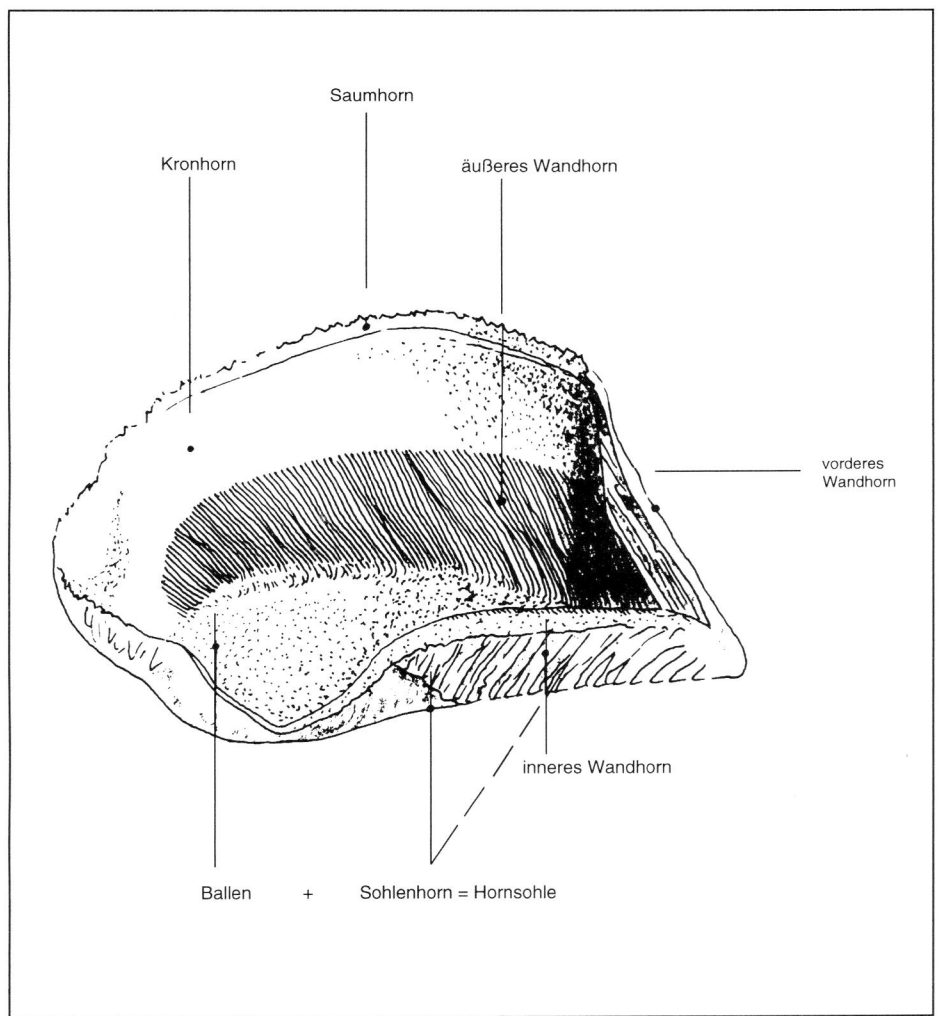

Abbildung 3: Das Klauenhorn - Innere Hornwand ist teilweise abgetragen

Die Afterklauen

Die Afterklauen sind verkümmerte Klauen, deren innerer Aufbau und Feinaufbau der gleiche ist wie der Aufbau der Hauptklauen:

— Klauenunterhaut,
— Klauenlederhaut,
— verhornte Klauenoberhaut.

In der Regel enthalten sie zwei kleine, verkümmerte Knochen, die dem Klauenbein und dem Kronbein entsprechen. Diese beiden Knochen stecken in dem als Afterklaue ausgeformten Afterklauenschuh.
Ebenfalls entspricht der Aufbau des Afterklauenschuhes dem der Hauptklauen, wobei die Außenfläche der Afterklauen der Hornwand und die Innenfläche der Hornsohle entspricht.
Die der Hornsohle entsprechende Seite der Afterklaue ist zur Mittellinie des Rinderfußes hin in einem Winkel von etwa 45° geneigt.

Der Feinaufbau des Hornes

Das Klauenhorn besteht aus Hornröhrchen und Zwischenröhrchenhorn. Die Hornröhrchen sind spiralig angeordnet und bestehen aus Röhrchenrinde und und Röhrchenmark. Zwischen den Röhrchen befindet sich das Zwischenröhrchenhorn. Die Hornröhrchen sind stark druck- und biegebelastbar; sie bewirken die Festigkeit und Härte des Hornes.
Das Zwischenröhrchenhorn ist stark zugbelastbar, es gibt dem Horn die Zähigkeit.
Die Röhrchenanzahl der verschiedenen Hornabschnitte ist sehr unterschiedlich. Die meisten Hornröhrchen besitzt die harte Hornwand; weniger das weichere Sohlenhorn; am wenigsten das weiche Ballenhorn. Das Sohlen- und Ballenhorn (= die Hornsohle) besteht aus wenigen, aufrecht zur Hornsohle stehenden Hornröhrchen und Zwischenröhrchenhorn.

Der Feinaufbau des Hornes 17

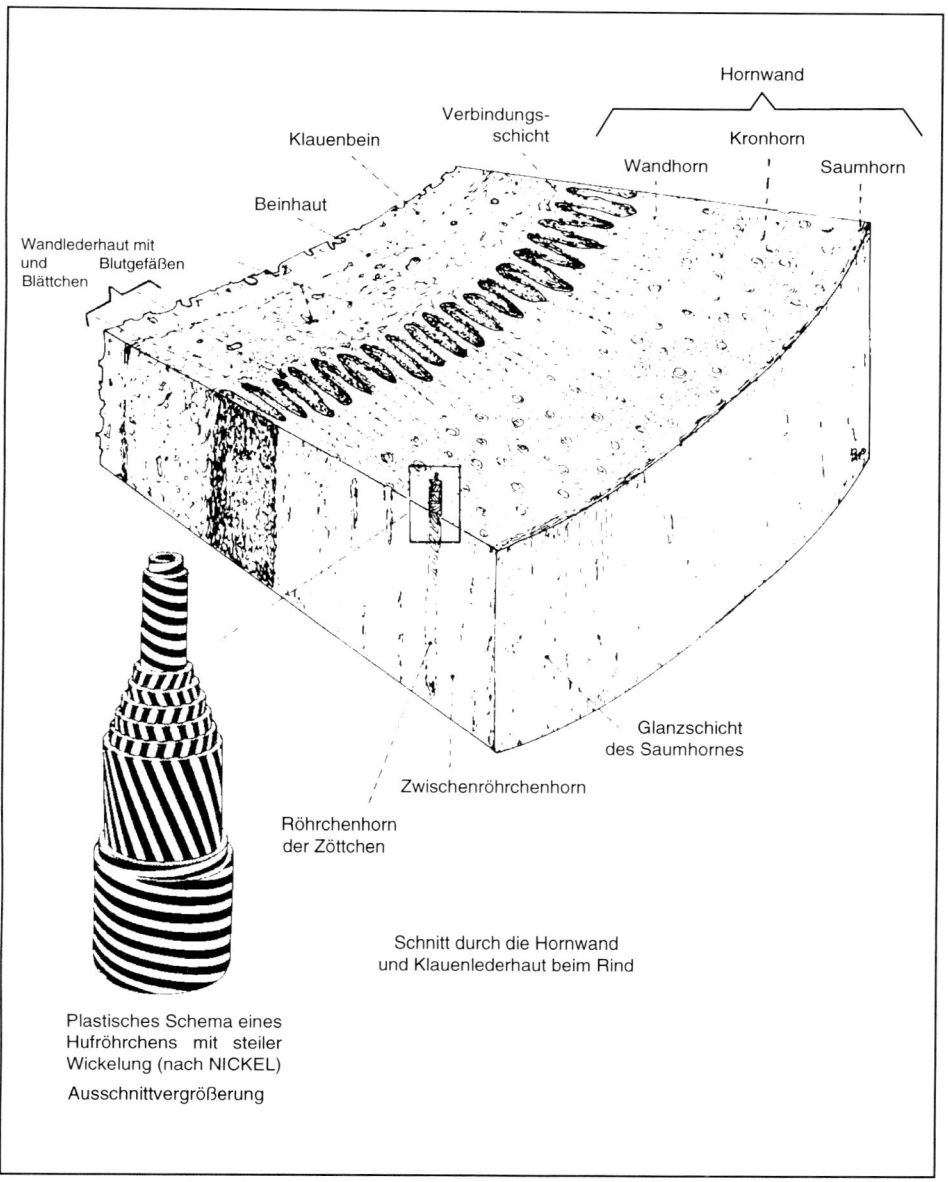

Abbildung 4: Feinbau der Klauenhornwand

Die Hornwand besteht aus drei Schichten:

— die äußere, weiche, verhornte Glasurschicht aus der Saumlederhaut,
— die mittlere, sehr dicke, feste, verhornte Schutzschicht aus der Kronlederhaut mit ihren Hornröhrchen, Zwischenröhrchenhorn und dem eingelagerten Pigment,
— die innere Verbindungsschicht, die von der Wandlederhaut geformt wird und von den Blättchen der Wandlederhaut produziert wird. Durch diese Schicht wird die feste (Nut und Feder) Verbindung zwischen verhorntem Hornschuh und der Wandlederhaut hergestellt. Diese Schicht ist nur leicht verhornt.

Die Innenteile der Klaue sind auf diese Weise im Wandhornbereich im Klauenschuh aufgehängt, so daß die Hornsohle nur einen kleinen Teil der Körperlast tragen muß (Aufhängeapparat).

Der *Tragrand*: Die Körperlast trägt in erster Linie der an der Außenseite der Hornsohle herausstehende Tragrand der Hornwand.
Der Tragrand wird von den drei vorgenannten Schichten der Hornwand gebildet.
Die innere Verbindungsschicht ist pigmentfrei, weich und erscheint sohlenwärts als weiße Linie.

Der Klauenhornschuh

Die Gesamtheit aller fünf verhornten Abschnitt der Klauenoberhaut ergibt den Klauenhornschuh.
Der Klauenhornschuh wird von der vorderen, seitlichen und inneren Hornwand einerseits, und vom Ballen-Sohlenhorn = Hornsohle als Auftrittsfläche andererseits, gebildet.
Die Hornwand ist dick (ca. 7 mm) und sehr hart.
Die Hornsohle ist dünner (ca. 5 mm) und weicher, vor allem ballenwärts.
Von ausschließlicher Wichtigkeit für den Klauenbeschnitt ist der Klauenhornschuh, insbesondere die Klauenhornsohle.

Der Klauenhornschuh 19

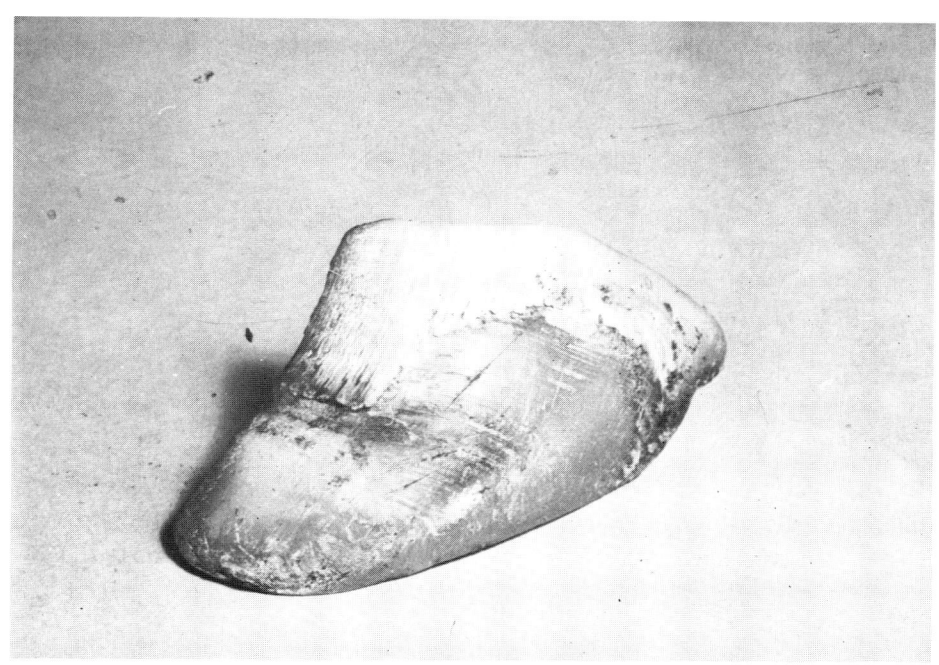

Abbildung 5: Der Klauenhornschuh

Die Klauenhornsohle

Die Klauenhornsohle besteht an der Klauenspitze zu etwa einem Drittel aus Sohlenhorn und ballenwärts zu zwei Dritteln aus Ballenhorn.
Das Rind gehört deshalb zu den Langballern, da das Ballenhorn den größten Teil der Sohlenfläche einnmimmt.
An der Innenfläche der Hornsohle befindet sich die Hohlkehlung, an der Außenfläche der *Tragrand* und sohlenwärts davon die *Weiße Linie*.

Weiße Linie

Am Übergang von der vorderen, inneren und seitlichen Hornwand zur Hornsohle befindet sich sohlenwärts des Tragrandes der Klaue deutlich erkennbar die Weiße Linie. Sie besteht aus dem verhornten, unpigmentierten, inneren Teil der Schutzschicht der Kronlederhaut (weiß) sowie aus der unpigmentierten Verbindungsschicht der Wandlederhaut (gelb) (Abb. 6; Bild 1, Seite 65).

Die Weiße Linie ist die Grenze von der durchbluteten Klauenle-

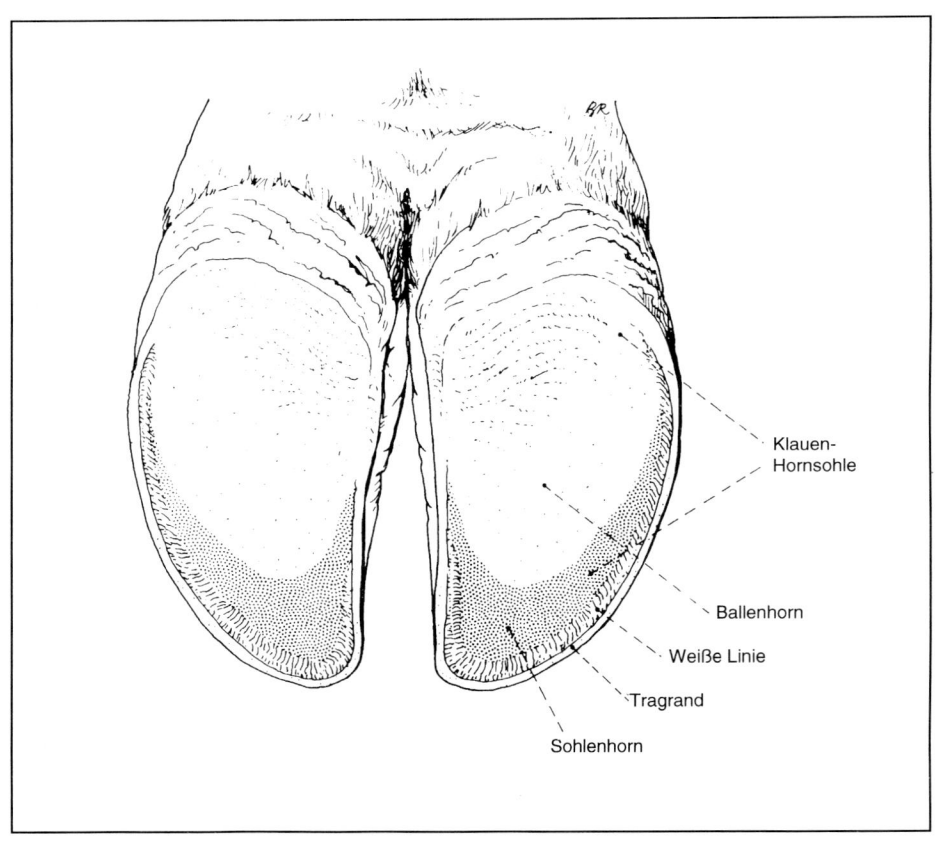

Abbildung 6: Die weiße Linie und die Klauenhornsohle

derhaut zum nicht durchbluteten Klauenhorn. Die Weiße Linie ist die Grenzlinie, innerhalb welcher beim Pferd kein Nagel eingeschlagen werden darf und innerhalb welcher beim Rind keine Klauenkorrektur vorgenommen werden darf.

Hohlkehlung

An der Innenfläche der Hornsohle ist eine Vertiefung zu erkennen, die im weiteren Verlauf der Beschreibung als "Hohlkehlung" bezeichnet wird. Sie spielt für die Gewichtsverteilung an der Klaue eine besonders große Rolle.
Wie beim Huf, wird auch bei der Klaue die Körperlast hauptsächlich über den Tragrand durch den sogenannten "Aufhänge-Apparat" der Wand- und Kronlederhaut getragen. Demgegenüber ist die Druckbelastung an der Hornsohleninnenfläche bei einer normalen Klaue gering. Der Tragrand der Klaue eines Rindes entspricht dem Tragrand eines Pferdehufes ohne Eckstrebe. Voraussetzung für das Funktionieren des Aufhänge-Apparates ist die Vertiefung - "Hohlkehlung" - der Hornsohleninnenfläche.

Beim Jungrind beträgt der Anteil der Hohlkehlung an der gesamten Hornsohlenfläche 30 %. Die Hohlkehlung nimmt mit zunehmendem Alter und Gewicht prozentual an der Gesamtfläche der Hornsohle ab. Bei allen unnormalen Klauen ist dieses Aufhängesystem gestört. Ohne Hohlkehlung tritt eine Überlastung des Sohlenballenhornes - eine Entzündung und Quetschung der ballenwärtigen Innenfläche der Sohlenballenlederhaut der tiefen Beugesehne des Klauensesambeines ein.
Die Innenklauenwand wird durch das Fehlen einer Hohlkehlung nach oben zum Klauenspalt, zur Seite zum Zwischenklauenspalt hingedrückt.
Dem Fehlen der Hohlkehlung liegt somit die Ursache von Bluterguß, Rusterholzschem Klauengeschwür, Zwischenklauenwulst (Limax) zugrunde. Deshalb kommt dem korrekten Einschneiden der Hohlkehlung zur Vorbeuge von Klauenleiden große Bedeutung zu.

22 Aufbau der Klaue

Abbildung 7: Hohlkehlung der Hornsohle

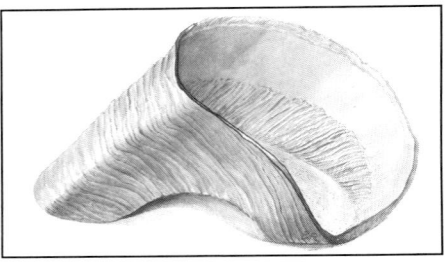

Abbildung 9: Hohlkehlung der inneren Hornwand und der Hornsohle am Zwischenklauen-Spalt

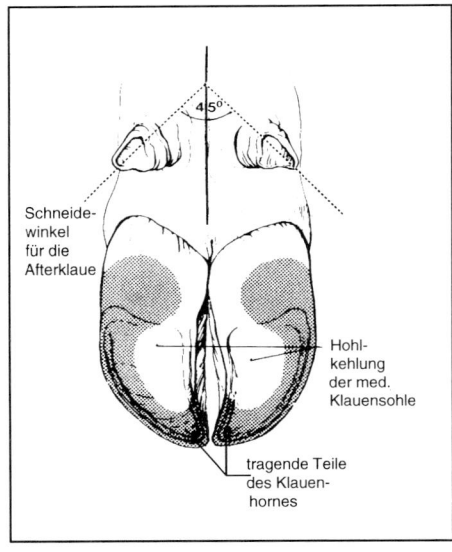

Abbildung 8: Hohlkehlung der Hornsohle - Schema
Vertiefung = weiß
Tragende Teile = grau
Afterklaue - Schneidewinkel 45° zur Fußmittellinie

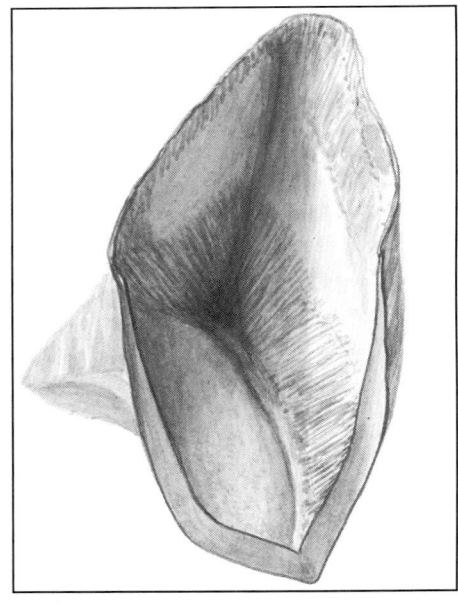

Abbildung 10: Hohlkehlung der Hornsohle bei einem Jungrind Querschnitt durch den Klauenhornschuh, die Klauenhornsohle ist stark von der Innen- zur Außenwand hin geneigt

NORMALE KLAUE

Abmessungen der normalen Klaue

Eine als normal zu bezeichnende Klaue bei einem etwa 500 bis 700 kg schweren Rind hat zwischen der Klauenvorderwand und dem Erdboden einen Winkel von 50 bis 60°.
Die Hornsohle mißt etwa 100 mm; die Länge der vorderen Hornwand beträgt ca. 80 mm. Die Länge der Trachtenwand mißt durchschnittliche ca. 40 mm. Das Verhältnis von vorderer Hornwand zur Hornsohle beträgt etwa 1:1,2 - 1,3. Das Verhältnis der Länge von vorderer Hornwand zu Trachtenwand beträgt im allgemeinen 1,7 - 2:1.
In der Tabelle 1 sind die meßbaren Regelwerte von Klauen und Klauenhorn bei einem etwa 500 bis 700 kg schweren Rind angegeben.

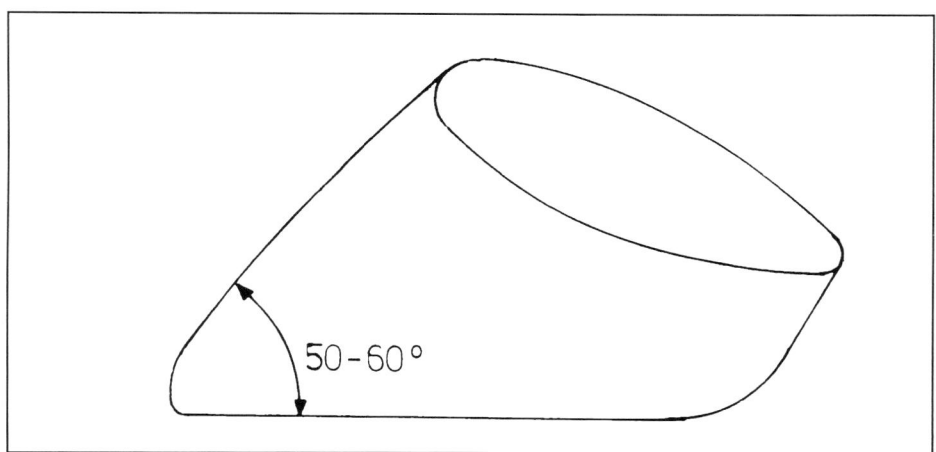

Abbildung 11: Die normale Klaue - Das Verhältnis der vorderen Hornwand zur Trachtenwand beträgt etwa 2:1

Normale Klaue

Tabelle 1: Regelwerte der normalen Klaue

Klauenlederhaut	
Breite der Saumlederhaut	5 - 7 mm vordere Klauenwand
Breite der Kronlederhaut	15 - 30 mm
Breite der Wandlederhaut	15 - 25 mm
Gesamtausdehnung der Wandlederhaut	150 mm
Wandlederhautblättchen	16 - 25 mm lang, 1 - 2 mm hoch, 0,1 mm dick
Zahl	ca. 1300 Stück
Länge der Zöttchen der	
Saumlederhaut	1,0 - 1,8 mm
Kronlederhaut	0,2 - 0,3 mm
Sohlen-Ballenlederhaut	0,2 - 0,6 mm
Anzahl der Zöttchen und Hornröhrchen	ca. 20 - 30 mm^2
Klauenhorn	
Länge der Vorderwand	80 - 90 mm
Länge der Trachtenwand	40 - 50 mm
Länge der Hornsohle (Flußungsfläche)	100 - 130 mm
Breite der Hornsohle	40 - 60 mm
Dicke: Hornwand	ca. 7 mm
innere Hornwand	ca. 5 mm
Hornsohle	ca. 5 mm
Hornwachstum im Monat	5 - 10 mm
Wassergehalt: Hornwand	20 - 25 %
Hornsohle	20 - 25 %
Belastung der Extremitäten in % des Körpergewichtes:	
vorne	54 %
hinten	46 %
Druck auf 1 cm^2 des Klauengelenkes	7 - 10 kp cm^2
Druck auf 1 cm^2 der Klauensohle	5,0 kp cm^2
Winkel zwischen Erdboden und:	
vorderer Wand Vorderklaue	ca. 45°
vorderer Wand Hinterklaue	ca. 60°
äußerer Seitenwand	90°
innerer Seitenwand	90°
Verhältnis der Längen	
vordere Hornwand : Trachtenwand	1,6 - 2 : 1
vordere Hornwand : Hornsohle	1,0 : 1,3
Zwischenklauenspalt an der Klauenkante	10 - 20 mm
Hornsohle	10 - 20 mm

Das Klauenpaar

Zwei Zehenenden bilden zusammen ein Klauenpaar, wobei die Klauen des Vorderklauenpaares dem Gewicht des Rindes entsprechend gleich groß sind.
Beim Klauenpaar der Hinterzehen ist mit zunehmendem Gewicht des Rindes die Außenklaue gegenüber der Innenklaue deutlich größer.
Der Zwischenklauenspalt verläuft am Übergang von der vorderen zur inneren Hornwand in einem Abstand von 1 - 2 cm parallel bis leicht konkav zur Klauenspitze (im Stehen bei normaler Belastung).
Sowohl die innere als auch die äußere Hornwand stehen senkrecht zum Erdboden.
Der hintere sohlenwärtige Teil des Ballens und der Tragrand der Außenwand stehen eben auf dem Boden.
Der Tragrand der Innenwand, das ist das klauenspitzenwärtige Drittel der Innenwand, steht gleichfalls eben auf dem Boden. Der Tragrand der inneren Hornwand läuft etwa ab der Grenze zwischen Sohlen- und Ballenhorn schräg ballenwärts (30°) nach oben und berührt bei normalem Abrieb den Boden nicht mehr (Hohlkehlung).
Das Klauenpaar, von der Sohle her zusammen betrachtet, ergibt eine Wölbung der Hornsohle nach innen (konkav), die in etwas flacherer Weise der Sohlenwölbung des Pferdes ohne Strahl entspricht.
Welche Klauen, die der Vorder- oder Hintergliedmaßen steiler oder flacher, etwas länger oder kürzer sind, deren Sohlenfläche mehr oder weniger gewölbt ist, hängt von Alter, Gewicht und den Haltungsbedingungen ab.

DIE STALLKLAUE - KLAUENPFLEGE

Die Entstehung der Stallklaue ist hausgemacht

Die Entstehung der Stallklaue wird durch die von Menschenhand gemachten Haltungsbedingungen für das Haus- und Nutztier Rind verursacht.
Sie wird beeinflußt von:

— Zuchtwahl
— Fütterung
— Aufstallung
— Klauenbeschnitt.

Die Klauenpflege beginnt daher beim Unterscheiden von normalem, funktionsgerechtem und unnormalem, funktionsgestörten Klauenhorn und Klauenformen - der Stallklaue.
Sie geht weiter mit der Einflußnahme, dem Mitgestalten von klauenfreundlichen Erb-, Fütterungs- und Haltungsbedingungen. Ihren Abschluß hat die Klauenpflege mit dem handwerklichen Teil, dem Klauenbeschnitt.

Die verschiedenen Entstehungsfaktoren der Stallklaue wie Erbe, Fütterung, Aufstallung, die zugleich auch wesentlich die gesamte Gesundheit und Widerstandsfähigkeit des Rindes beeinflussen, sind im einzelnen gut erforscht und bekannt.
Welcher einzelne Faktor aber jeweils welchen Defekt beim Rind und speziell an der Klaue auslöst, ist oft schlecht bis gar nicht festzustellen, da Störfaktoren wie mangelhaftes Erbe, Fütterungs- und Aufstallungsbedingungen fließend ineinander übergehen.

Entstehungsfaktoren der Stallklaue

Zuchtwahl

Die Hornqualität steht in Zusammenhang mit dem Feinbau des Klauenhornes.

— Der Zahl der Hornröhrchen pro mm^2.
— Dem Verhältnis von Röhrchenmark zu Röhrchenrinde. Je dicker die Röhrchenrinde im Verhältnis zum Röhrchenmark, desto stabiler das Horn.
— Der Abgrenzung des Hornrohres zum Zwischenröhrchenhornes. Je deutlicher diese Abgrenzung ist, desto besser ist das Horn.
— Der Pigmentierung. Je mehr Pigment in der Schutzschicht eingelagert ist, desto zäher ist das Klauenhorn.

Ebenfalls hat die Röhrchengröße auf die Qualität des Hornes einen Einfluß. Je kleiner und zahlreicher dir Röhrchen, desto zäher das Horn. Die Größe der Röhrchen und die Masse des Zwischenröhrchenhornes haben einen großen Einfluß auf das Wasserbindungsvermögen. Der Wassergehalt eines Hornes beeinflußt direkt seine Qualität. Deshalb bestehen Unterschiede in der Hornqualität von Rind zu Rind, von einer Zuchtlinie zur anderen, von Rasse zu Rasse, da diese Einflußgrößen prinzipiell vererbbar sind.

Die Klauenform ist direkt züchterisch beeinflußbar.
Die Vergleichbarkeit wie Vorderwandwinkel der Klaue, die Längenverhältnisse der verschiedenen Abmessungen des Klauenhornes - vordere Hornwand : Trachtenwand, Sohlenhorn - vorderer Hornwand, das heißt, normale bzw. unnormale Klauenform ist ebenso erblich wie durch Haltungsbedingungen beeinflußbar.
Der Einfluß auf die Klauenform wird auch durch eine korrekte bzw. unkorrekte Gliedmaßenstellung beeinflußt.
Fehlerhafte Gliedmaßenstellungen, die angeboren oder erworben sein können, führen zu einer ungleichmäßige Belastung einzelner Klauenabschnitte.

Dadurch können sich bereits verschiedene, normale bzw. unnormale Klauenformen ergeben. Bei steiler Stellung (bis 60°, kurze vordere Hornwand) treten z. B. regelmäßige Klauenformen auf; bei flacher Stellung - Bärenfüßigkeit (sehr lange vordere Hornwand) - treten wenig regelmäßige Klauenformen auf.

Das Hornwachstum ist auch leistungsabhängig. Die Leistung der Tiere ist vererbbar und wirkt sich erheblich auf das Hornwachstum aus. Eine Steigerung der Milchleistung und des Fleischansatzes wirken sich zugunsten des Hornwachstums aus. Bei Hochleistungskühen ist die monatliche Hornzubildung am geringsten, bei Kühen mit mittlerer Leistung am größten.

Ebenso wirkt sich der Zeitpunkt um die Geburt nachteilig auf das Hornwachstum aus. Es entsteht durch das Heranwachsen des Kalbes im Mutterleib, vor allem während der letzten zwei Trächtigkeitsmonate, in der Zeit des größten Zuwachses und bei beginnender Hochlaktation eine erhebliche Konkurrenzsituation zur Hornbildung. Das Gewicht eines hochträchtigen Rindes steigt etwa um 100 bis 150 kg, was eine erhebliche Mehrbelastung für die Klauen bedeutet.

Ein Mißverhältnis zwischen Körpergewicht der Rinder und ihrer Klauengröße trägt zur Überbelastung des Klauensohlenhornes bei. Hochleistungsrinder sind im Verhältnis zu ihrer Klauensohlengröße übergewichtig. Vor allem bei den raschwüchsigen und schweren Zweinutzungsrassen wird die Klaue und das Klauenhorn besonders stark beansprucht.

Fütterung

Der Einfluß auf das Klauenhorn auf dem Wege Fütterung - Verdauung - Stoffwechselprodukte - Klauenlederhaut - Klauenhorn über die Klauenlederhautentzündung ist nach dem heutigen Erkenntnisstand eindeutig. Um welche Stoffwechselprodukte es sich im Einzelfall bei Kraftfutter-Über- oder -Fehlfütterung handelt, ist schwer festzustellen, da hierfür mehrere Stoffe in Frage kommen, wie vor allem zu viel und zu plötzliches Auftreten von Säuren - Acidose, Aceton - Acetonämie sowie Faulstoffen - Alkalosen.

Bei dem gewebeschädlichen Abbau und den Zwischenprodukten aller Art handelt es sich immer um:

— zuviel - plötzlich zuviel,
— zu rasch abbaubar,
— Kohlehydrat, Fett- und Eiweiß-Konzentrat,
— zu wenig Rauhfutter im Verhältnis dazu,

welche den geordneten Stoffwechselablauf (Abbau und Aufbau) beim Rind stören. Dadurch kann eine örtlich begrenzte bis allgemeine, zunächst nicht infektiöse Klauenlederhautentzündung bis hin zur Klauenrehe entstehen. Hierbei wird das Hornwachstum durch die entzündete Klauenlederhaut gestört. Sichtbar wird dieser gestörte Hornwuchs durch einen mangelhaft verhornten, deformierten Klauenhornschuh, dessen Hornsohle immer flach ist und keine Hohlkehlung hat. Betroffen werden von dieser Störung im allgemeinen erheblich überwichtige Rinder.

Aufstallung/ Haltungsbedingungen

Bewegung

Bei stärkerer Beanspruchung des Klauenhornes, bei stärkerer Abnützung durch Bewegung rücken die Hornröhrchen dichter zusammen und erhöhen dadurch die Widerstandsfähigkeit. Die Anbindehaltung zeigt daher gegenüber der Weide- und Laufstallhaltung eine geringere röhrchenzahl pro mm^2, was sich in der Hornqualität niederschlägt, das heißt die Hornqualität wird bei Bewegungsarmut, bei Stallhaltung, schlechter. Bei Bewegungsmangel verschiebt sich auch das Verhältnis von Hornzuwachs zu Abrieb zuungunsten des Abriebs. Das Horn wird dicker und länger.

Bodenbeschaffenheit

Gemeinsam mit dem Feuchtigkeitsgehalt und Bewegungsmangel beeinflußt zuviel Druck, das heißt aufstallungsbedingter Überdruck (durch Beton und Eisen) am Klauenhorn einen Reizwuchs des Hornes - Stallklaue. Bei Überdruck und zuviel Feuchtigkeit - Hornüberproduktion - Stallklauen.
Bei Überdruck und zuwenig Feuchtigkeit - zuwenig Kompakthornproduktion - Zerfallshorn.
Die Reizhornbildung läuft immer über eine mehr oder weniger umfangreiche Klauenlederhautentzündung ab.

Feuchtigkeit

Die Feuchtigkeit des Hornes hat einen Einfluß auf die Abriebfestigkeit und die Wachstumsgeschwindigkeit.
Am besten ist die Hornqualität bei einer normalen Feuchtigkeit von etwa 20 bis 30 %. Bei zuwenig Feuchtigkeit, bis zu 10 %, wächst das Horn zu hart, langsam und zerfällt vorzeitig.

Bei zuviel Feuchtigkeit, bis 60 %, wächst das Horn üppig und zu weich und verursacht bei zu harter Aufstallung ein sehr rasches Wachstum - den Wildwuchs an der Klaue.

Bodenoberfläche

Im Zusammenhang von Feuchtigkeit und rauher oder glatter Oberflächenbeschaffenheit des Bodens und der meist eingeschränkten Bewegungsmöglichkeit der rinder ergeben sich dann all die möglichen unnormalen Klauenformen. Diese Formen sind das Ergebnis von Normal- und Reizwuchs einerseits und dem Abrieb des Klauenhornes an der Bodenoberfläche andererseits.

Fehlender Klauenbeschnitt

Da die genannten Entstehungsfaktoren, die auf die Klauen einwirken, nicht alle zu beeinflussen oder zu ändern sind, kann dem Teufelskreis aller Störfaktoren auf das Klauenhorn nur durch einen regelmäßigen und sachgerechten Klauenbeschnitt konsequent entgegengewirkt werden. Das ist bei vorgegebenen Zucht-, Leistungs-, Fütterungs- und Stallverhältnissen kurzfristig also die einzige Möglichkeit zur Klauenkorrektur.

Stallklauenbildung - Ein Teufelskreis

Im Gegensatz zu freilebenden Rinderrassen sind beim Hausrind keine normalen Klauen zu erwarten.

Wenig Bewegung verursacht schlechtere Hornqualität und weniger Abrieb. Weniger Abrieb als Hornwuchs an Sohle und Tragrand verursacht ungeordnete Hornüberproduktion.

Die Außenklaue ist aufgrund besonderer Belastungsverhältnisse der Hinterhand beim Rind diejenige Klaue, die am meisten überlastet wird.

Daher ist die Außenklaue die Klaue, die zuerst und am deutlichsten alle Erscheinungen einer Stallklaue zeigt - starke Vergrößerung durch Hornüberproduktion, ungeordnetes, rissiges, brüchiges Horn - Blutergüsse, Geschwüre, Infektionen.

Tabelle 2: Extremwerte von Stallklauen

Länge der Sohle		bis 400 mm
Breite der Sohle		bis 200 mm
Dicke der Hornsohle am Ballen		bis 30 mm
Dicke der Hornsohle an der Klauenspitze		bis 60 mm
	zu niedrig	zu hoch
Wassergehalt	5 - 15 %	30 - 60 %

Druckbelastung/kg Klauenhornsohle auf 2-cm-Stäbchen	21 kg/cm^2
auf Rundstäben 0,5 cm Auftritt	80 kg/cm^2

32 Stallklauen

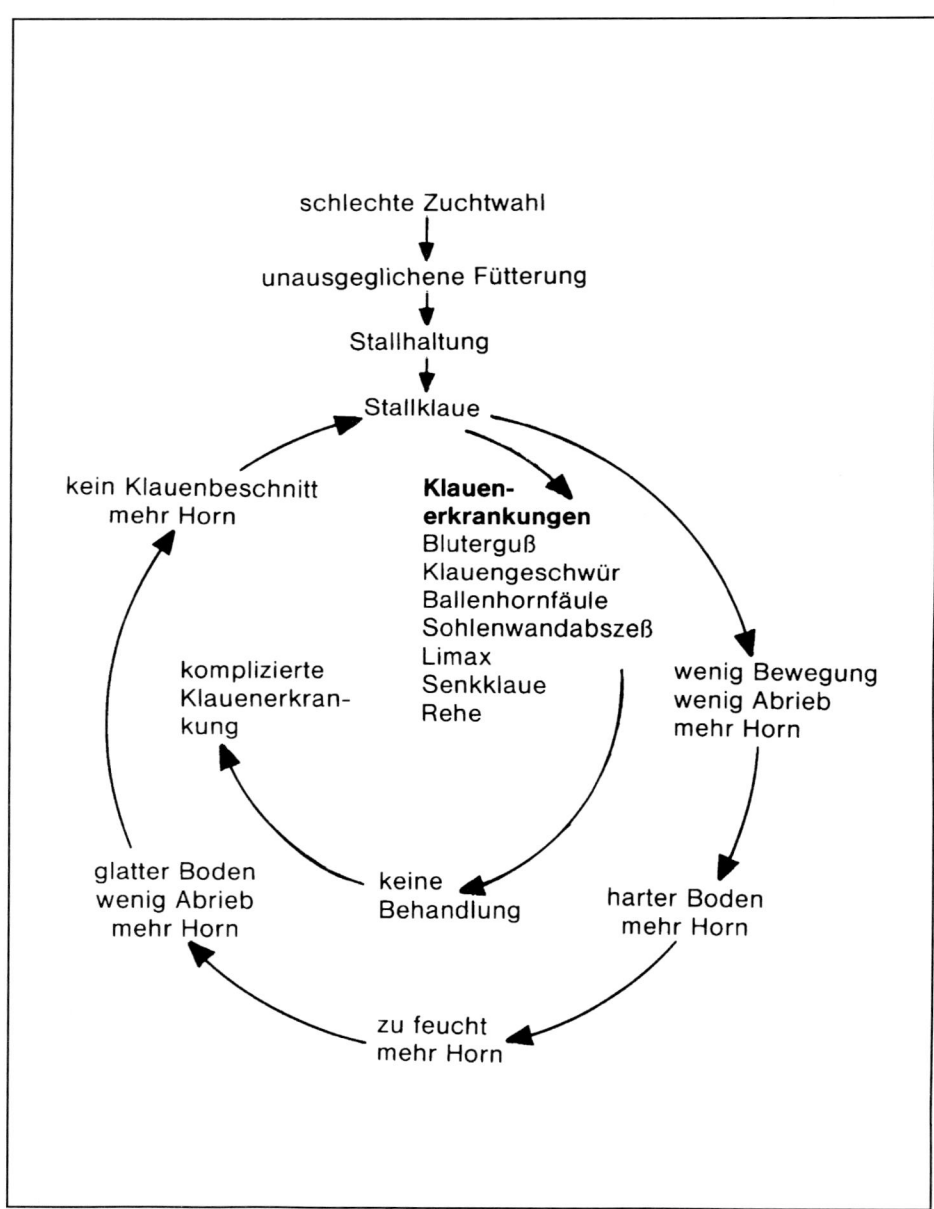

Abbildung 12: Teufelskreis Stallklaue

Klauenpflege

Durch zu großen Druck, durch Überdruck auf dem harten Stallboden und durch zuviel Feuchtigkeit und dadurch zu weichem Horn entsteht eine Reizung, Entzündung oder Quetschung der Klauenlederhaut, vor allem im Bereich der Hornsohle, anstatt der Hohlkehlung wächst das Horn noch schneller und weicher. Der Hornwildwuchs im Bereich der Hohlkehlung verstärkt sich.

Der Abrieb an der Klauenspitze und am Tragrand, wo der größere natürliche Hornwuch stattfindet, fehlt durch zu glatte Stallböden ebenfalls. Dadurch entsteht eine zusätzliche Belastung im Bereich des Ballens und an der Innenseite der Hornsohle - und damit die Stallklauenbildung, mit buckligem, defektem, zerklüftetem, zu dickem, zu langem Klauenhorn an Hornsohle und Hornwand.

Der Klauenbeschnitt fehlt - und so beginnt der Teufelskreis, die Entstehung, der Anfang aller damit zusammenhängenden Klauenformen durch Reizung - Entzündung - Quetschung der Klauenlederhaut:

— *Pantoffelklaue,*
— *Schnabelschuhklaue,*
— *Scherenklaue,*
— *Rollklaue.*

Pantoffelklauen sind länger und breiter als Normalklauen (Abb. 14, Bild 2, Seite 65).
Schnabelschuhklauen haben eine zu lange Vorderwand und eine aufgebogene Spitze (Abb. 15, Bild 3, Seite 65).

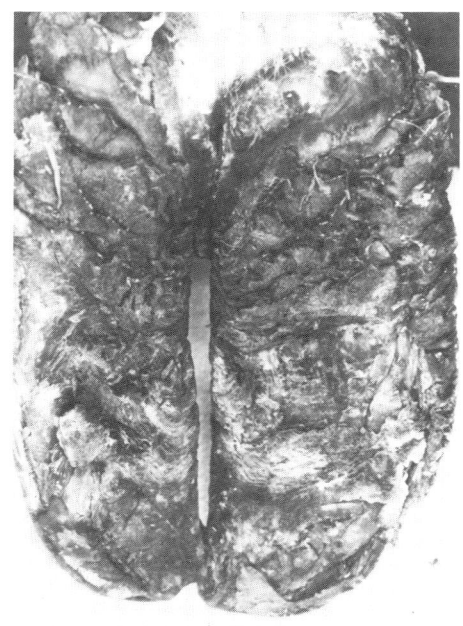

Abbildung 13: Hornsohle einer Stallklaue

34 Stallklauen

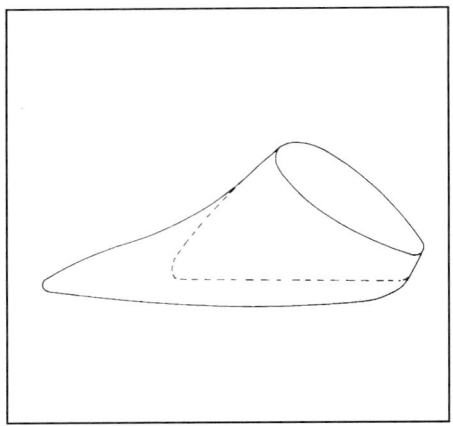

Abbildung 14: Pantoffelklaue

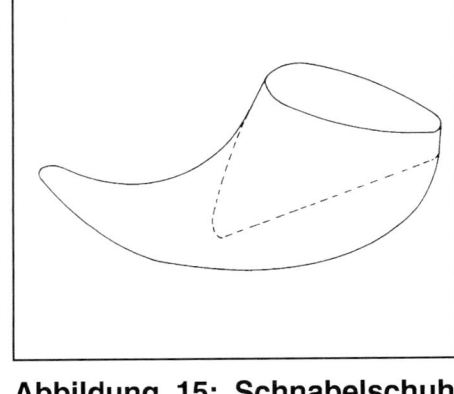

Abbildung 15: Schnabelschuhklaue

Scherenklauen erkennt man an ihrer langen Vorderwand und ihren einwärts gebogenen, einander sich kreuzenden Spitzen (Abb. 16, Bild 4, Seite 66).
Bei Rollklauen wölbt sich die Seitenwand walzenförmig nach innen zur Klauensohle (Abb. 17). Bei all diesen Klauenformen ist die Hornsohle nicht glatt und besitzt keine Hohlkehlung, sondern sie ist voll und hat Schrunden.

Zu weiches, zu langes, zu rasch wachsendes Klauenhorn bei fehlendem, seltenem oder falschem Klauenbeschnitt führen zu Abweichungen von der regelmäßigen Klauenform, zu Klauendeformierungen, welche als Ursache der meisten Klauenleiden angesehen werden müssen.
Bei zu langen Klauen - Stallklauen aller Art - wandert der Schwerpunkt des Gewichtes, der normal durch die Klauensohlenmitte geht, zum Ballen.
Am Übergang von der Sohle zum Ballen aber befinden sich besonders druckempfindliche Teile in der Klaue, wie Gelenk, Sehne und das Klauen-Sesambein, dir durch den Überdruck bei zu langen Klauenspitzen sehr schnell gequetscht werden. - Auch darum ist regelmäßige Pflege zu wichtig.

Klauenpflege 35

 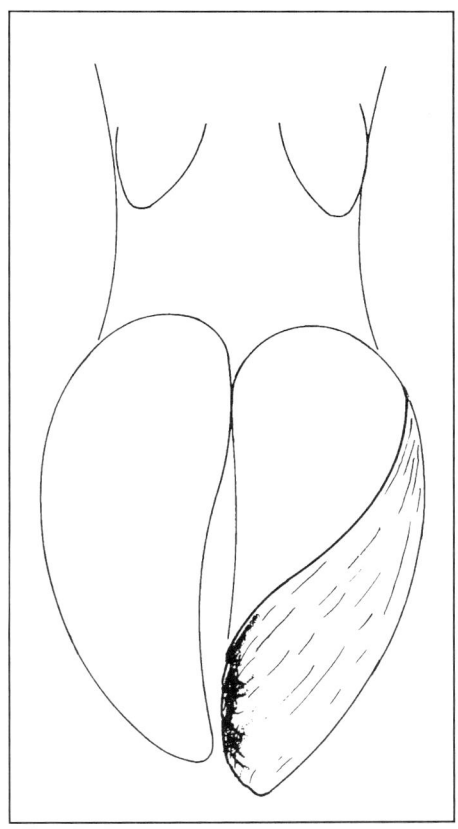

Abbildung 16: Scherenklaue **Abbildung 17: Rollklaue**

Zerfallshornklaue

Das Zerfallshorn ist auch ein Stallklauenhorn.
Das Zerfallshorn bildet sich unter gleichen Bedingungen wie die Stallklaue: Bewegungsmangel, Überdruck auf der Hornsohle durch harte und glatte Bodenverhältnisse beim Anbindestall. Der Unterschied zum Hornwildwuchs aber ist eine extreme Trockenheit des Hornes. Das Horn wird an der Wand hart, spröde und rissig, an der Sohle

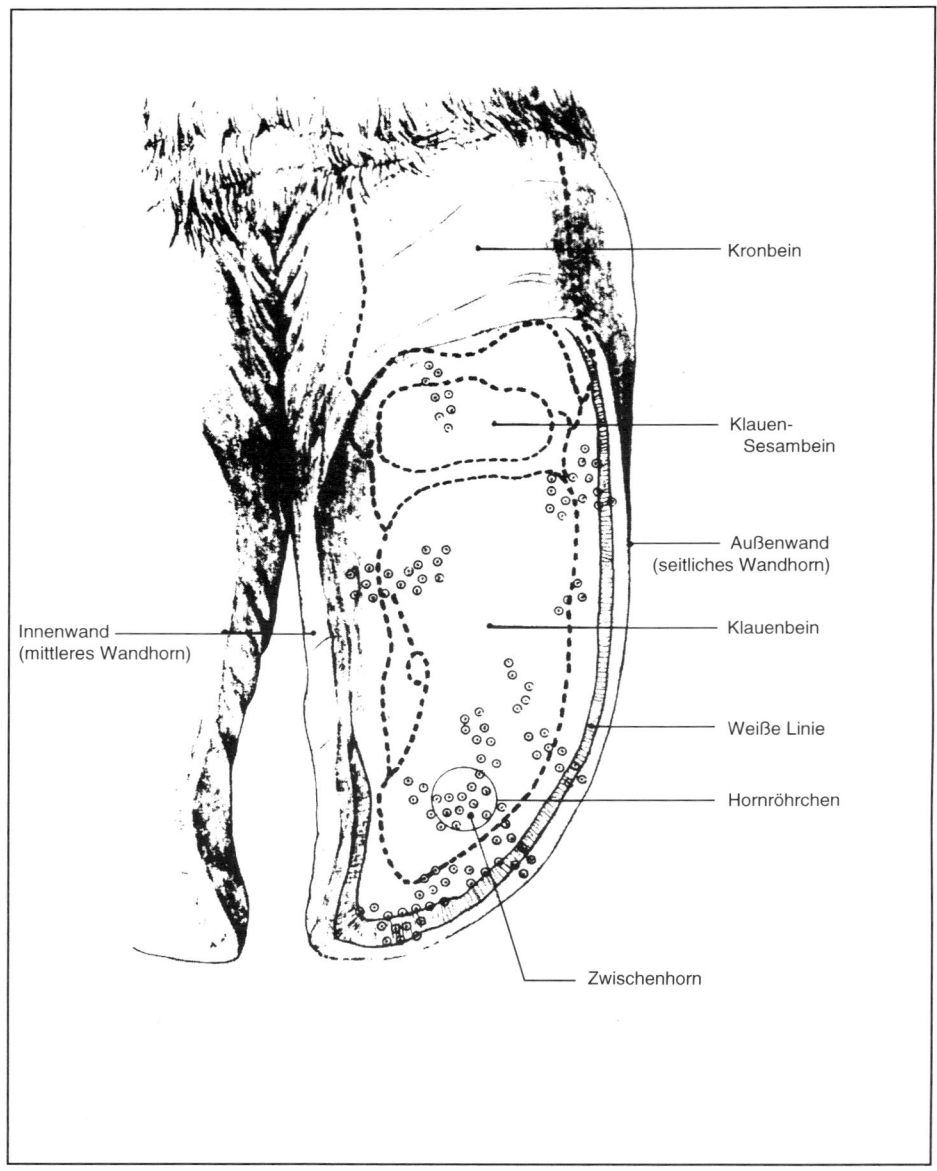

Abbildung 18: Hornröhrchen - schematisch

Klauenpflege 37

zusätzlich bröselig und schilfert ab von der Sohle. Vor allem bei schwergewichtigen Hochleistungsrindern kommt es an der Hornsohle zu zuwenig Hornwuchs. Durch die extreme Trockenheit, z. B. an Kurzständen mit Gitterrost, stößt sich das Horn vorzeitig von der Kompaktsohle ab, es bildet sich keine normal dicke Sohle, sondern die Sohle wird oft nur noch 1 bis 2 mm dick. Was an der Sohle bleibt, ist Zerfallshorn, das aufgrund von Bewegungsmangel nicht abgerieben wird. Das Zerfallshorn wird vom harten, nicht abgeriebenen, über die Hornsohle überstehenden Tragrand eingeschlossen.

Diese Klauen bilden im allgemeinen durch wenig Hornsohlenproduktion keine typischen, übergroßen Stallklauen; es entsteht eine Zerfallshornklaue.

Das Zerfallshorn ist buckelig, zerklüftet und hart. Es entstehen unter der sehr dünnen Klauensohle dieselben Leiden: Bluterguß, Klauengeschwür, Limax, Sohlenwandabszeß, Senkklaue, Reheklaue, wie auch an der Stallklaue. Alle diese Leiden laufen über eine mehr oder weniger ausgeprägte Klauenlederhautentzündung.

BLEIBEND VERFORMTE KLAUEN UND ZEHEN

Stallklauen

Bleibend verformte Stallklauen und Zehen

Während die meisten Stallklauen durch Klauenbeschnitt wieder in ihre normale Form gebracht werden können, ist dies bei einigen wenigen nicht mehr möglich. Dies sind bleibend verformte Klauen und Zehen, bei deren Zustandekommen es sehr schwierig ist, die einzelnen Ursachen* zu unterscheiden. Bei der Mehrzahl der Tiere handelt es sich um mangelhafte Veranlagung mit erschwerten Haltungsbedingungen wie kein Klauenbeschnitt, schlechte Aufstallung, Übergewicht als auslösende Ursache bei besonders auffälligen Deformierungen an Klaue und Zehe.

---

* wie erworben, veranlagt, vererbt

Von angeboren verformten Klauen und Zehen sollte man nur dann sprechen, wenn die Verformung bereits im Kalb- bzw. Jungrind-Alter deutlich sichtbar ist - und das ist selten.
Dem Aussehen der Verformung nach unterscheidet man diese Klauen und Zehen:
Flach-, Voll- oder Senkklaue, Bärentatzigkeit, Spreizklaue, Spitzwinkelklaue, Stumpfwinkelklaue.

Spreizklaue, Spitzwinkelklaue und Stumpfwinkelklaue sind keine Veränderungen am Klauenhorn selbst. Diese Veränderungen betreffen Knochen, Bänder und Gelenke der ganzen Zehe.
Diese Klauenformen können durch Klauenpflege in ihrer bestehenden unnormalen Form erhalten werden. Durch Klauenbeschnitt aber können sie nicht mehr zur Normalform gebracht werden.

Flach-, Voll- oder Senkklauen

Die Flach-, Voll- oder Senkklaue ensteht durch Nachgeben/Lösen des Aufhängeapparates der Klaue (s. S. 18 - 21) von der Klauenlederhaut.
Als Ursachen können hausgemachte Entstehungsfaktoren und auch veranlagte Schwächen im Aufhängeapparat angesehen werden.
Als Entstehungsfaktoren für Stallklauen kommen infrage:
schlechte Zuchtwahl,
Übergewicht,
viele Abkalbungen,
hohe Milchleistung,
harte Aufstallung,
extreme Leistungsfütterung.

Die Flach-, Voll- oder Senkklaue betrifft vor allem ältere und schwere Tiere.
Das Klauenbein löst sich an der Verbindungsschicht der Wandlederhaut von der Klauenhornwand. Mit dem Nachgeben des Aufhängeapparates sinkt das Klauenbein zur Hornsohle hin ab. Die Hohlkehlung verschwindet allmählich ganz. Die vordere Hornwand wird immer spitzwinkliger und länger und wölbt sich nach oben. Somit entsteht mit der Flach-, Voll- oder Senkklaue auch die Spitzwinkelklaue.
Der Winkel der vorderen Hornwand : Boden ist kleiner als 45°.
Die so entstandenen Klauenformen sind eigentlich die einzigen bleibend verformten Stallklauen.

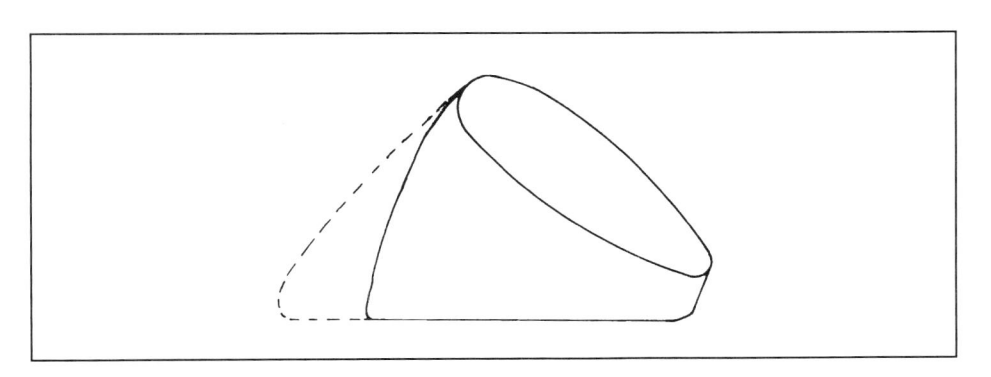

Abbildung 19: Stumpfwinkelklaue

Bleibend verformte Zehen

Bärentatzigkeit

Bei der Bärentatzigkeit kommt oft zur Schwäche des Bandapparates im im Zwischenzehenbereich noch eine Schwäche der beiden Beugesehnen an der Zehe. Die Knochen der Zehe, vor allem das Kron- und Fesselbein, treten soweit durch, daß es sogar zu einer Fesselfußung kommen kann. Mit zunehmendem Alter und Gewicht verstärken sich diese Verformungen an der Zehe.

Die Bärentatzigkeit ist durch Klauenpflege nicht beeinflußbar. Sie führt zu einer übermäßigen Belastung des Ballens und vermehrtem Hornwuchs an der Klauenspitze, das Verhältnis der Länge der vorderen Hornwand : Trachtenwand beträgt von 3 - 4 : 1.

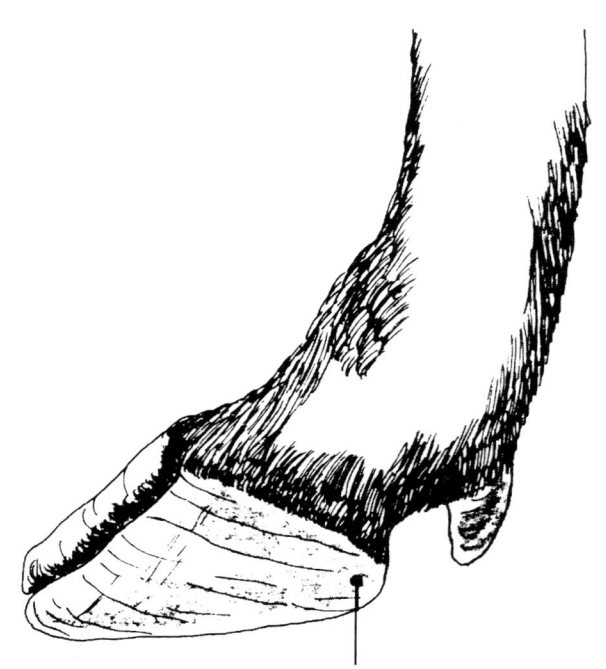

Wandhornhöhe am Ballen stark verkürzt

Abbildung 20: Bärentatzigkeit

Spreizklauen

Bei der Spreizklaue liegt der meist normalen Klauenform eine Schwäche des gesamten Bandapparates im Zehenbereich zugrunde. Vor allem die Zwischenzehenbänder sind zu weich und zu lang und ermöglichen daher einen zu großen Zwischenklauenspalt.

Auch diese Erscheinungsform an der Zehe verschlimmert sich mit Alter und Gewicht.

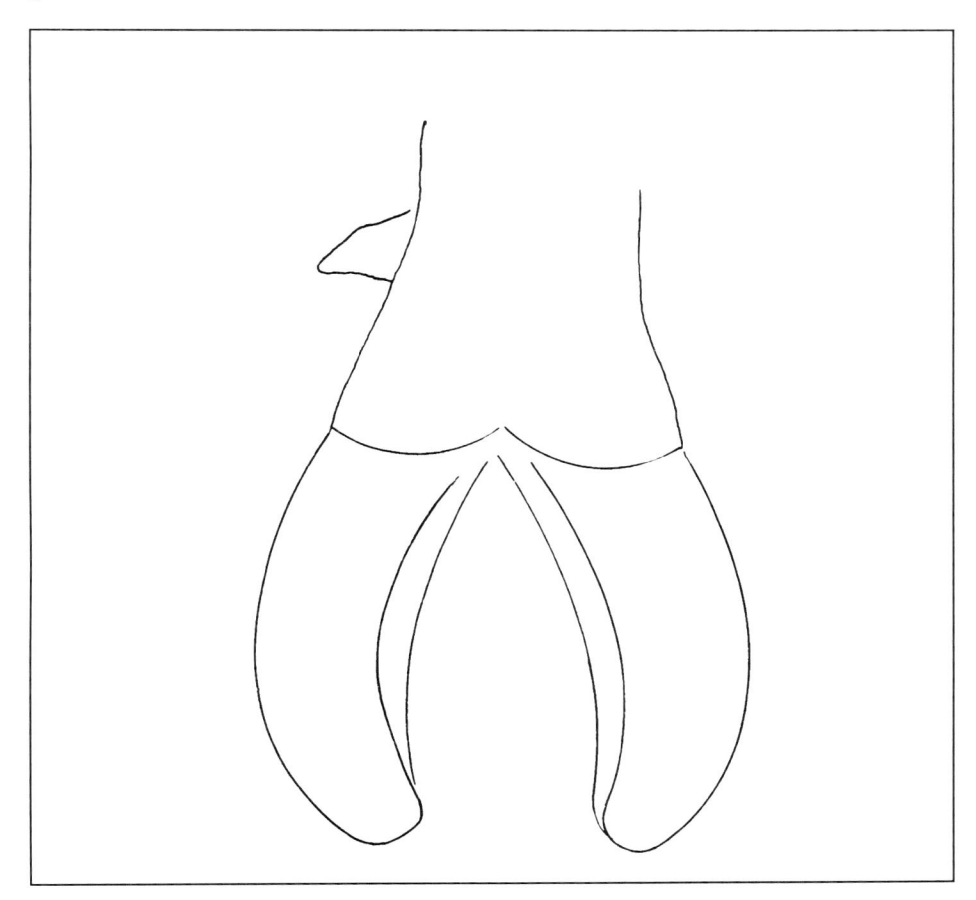

Abbildung 21: Spreizklaue

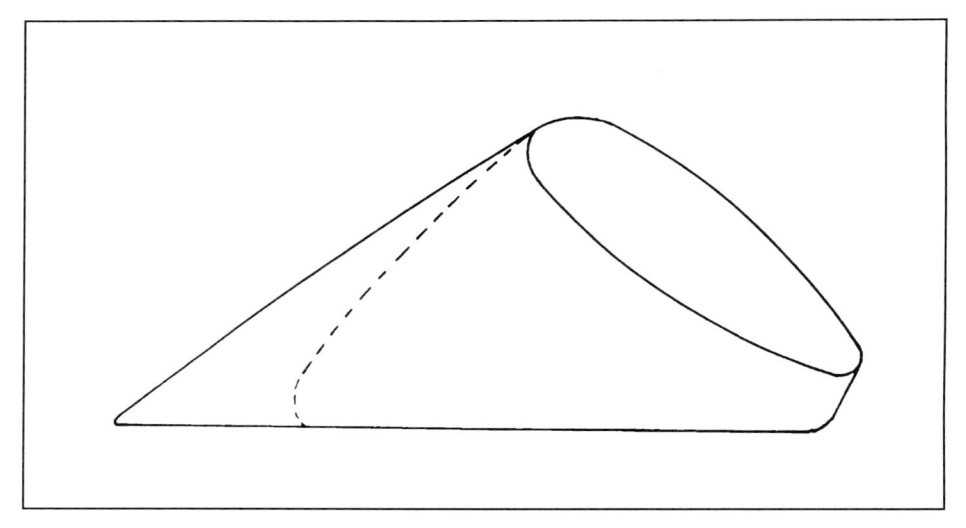

Abbildung 22: Spitzwinkelklaue

Angeboren verformte Zehen und Spitzwinkelklauen

Als bleibend verformte Klauen, die angeboren sind, kann man nur die im Jungrind-Alter bereits vorhandene Spitzwinkelklaue und die Stumpfwinkelklaue ansehen.

Die Spitzwinkelklaue wird in erster Linie durch ein sehr langes und spitzwinkliges Klauenbein gebildet:

Winkel Vorderwand: Erdboden weniger als $45°$
Das Verhältnis Länge der vorderen Hornwand : Trachtenwand = 4 :1.

Stumpfwinkelklauen

Bei der Stumpfwinkelklaue ist das Klauenbein kurz und steil:
Winkel Vorderwand: Erdboden mehr als $60°$.
Das Verhältnis Länge der vorderen Hornwand : Trachtenwand = 5:4.

Bleibend verformte Klauen

Alle diese bleibend verformten Klauen und Zehen sind zwar durch Klauenpflege nicht zu ändern, die Folgen eines dadurch bedingten, besonders fehlerhaften Wuchses des Hornschuhes können aber durch häufiges, etwa viermal jährliches Klauenschneiden vermindert oder sogar vermieden werden.

Alle fehlerhaften Klauen oder Zehenstellungen neigen nämlich durch falsche Belastung der Klauen-Hornsohle besonders zu fehlerhaftem Hornwuchs des Klauenschuhes.
Durch häufiges Klauenschneiden bzw. Klauenkorrektur können diese Tiere somit lange bei Leistung und am Leben erhalten werden.

VERSCHIEDENE AUFSTALLUNGSARTEN

Die Beschaffenheit des Klauenhornes wird, abgesehen von der Zuchtwahl und der Fütterung, von der Aufstallungsart bestimmt. Vor allem

— Bodenhärte,
— Bodenoberfläche,
— Feuchtigkeit

bestimmen die Eigenschaft des Hornes - zu weich oder zu hart - und das Mißverhältnis zwischen Hornwuchs und Abrieb. Jede Aufstallungsart ist ein Natursatz; eine normale Hornqualität und eine normale Klauenform kann daher bei keiner Aufstallungsart ohne Klauenbeschnitt erwartet werden.

Die Weide

Bei normal weichen und trockenen Weideboden- und Weideweg-Bedingungen stehen hier Bewegung, Bodenhärte, Bodenoberfläche - Druck auf die Klaue, Feuchtigkeit im Klauenhorn - also Hornwuchs und Abrieb in einem ausgeglichenen Verhältnis. Dies gilt für Tiere, die bereits mit einer normalen, gesunden Klaue auf die Weide kommen. Diese Klauen sind dann selbstpflegend, solange sie auf der Weide sind. Sie benötigen keinen Klauenbeschnitt, da eine gute Weide mit guten Weidewegen für das Rind die "natürliche" Aufstallung ist.

Anbindestall

Mittellang- und Langstand

An den Klauen der Hinterhand ist das Klauenhorn feucht und weich, der Abrieb gering, der

Wuchs rasch. An den Vorderklauen ist der Wassergehalt normal, der Abrieb gering, der Wuchs rasch. Bei dieser Aufstallungsart bilden sich besonders an den Hinterextremitäten die längsten Stallklauen.

Kurzstand

Das Horn wird durch zu große Trockenheit unelastisch und spröde, Rißbildungen und Zerfallshornbildung werden begünstigt. Durch Untersuchungen bei Kurzständen mit Gitterroststäben wurde festgestellt, daß bei extrem trockener Haltung der Feuchtigkeitsgehalt unter 10 % sinken kann. Das Klauenhorn wird dann gleichermaßen an den Klauen der Vorder- und Hinterextremitäten zu trocken, spröde und sehr hart. Es entsteht viel Zerfallshorn.

Laufstall

Mit Einstreu-Tiefstand

Ebenso ungünstig wie zu trockenes Horn ist zu feuchtes Horn. Im feuchten Zustand nimmt die Schneidfestigkeit des Hornes ab. Bei Laufstallhaltung mit Einstreu-Tiefstand hat das Klauenhorn einen durchschnittlichen Feuchtigkeitsgehalt von ca. 30 bis 40 %. Bei stauender Nässe in der Aufstallung beträgt der Feuchtigkeitsgehalt des Hornes bis 70 %.

Ohne Einstreu

Es besteht oft Wasserstau im Kotgang, dadurch sehr weiches Klauenhorn. Der Abrieb ist normal, der Wuchs schnell. Der Wassergehalt ist an allen Klauen hoch.

Mit Spaltenboden und Liegebox

Der Feuchtigkeitsgehalt ist am Horn aller Klauen normal bei 20 %. Der Abrieb und der Zuwachs des Klauenhornes sind etwa ausgeglichen. Fehlerhafter Hornwuchs wird durch die Bewegung auf hartem und normal feuchtem Boden weitgehend vermieden. Der Spaltenboden wäre somit die Idealaufstallung, was das Klauenhorn betrifft, wenn auf Spaltenboden vor allem bei Jungtieren nicht eine erhöhte Bruchgefahr an Klauen und Extremitäten bestehen würde.

Tabelle 3: Feuchtigkeit und Verhältnis von Zuwachs und Abrieb an der Klauenhornsohle bei verschiedenen Aufstallungsarten

Anbindestall
Mittellang-Langstand
(mit Einstreu)

Wassergehalt		Zuwachs/Abrieb
vorne:	normal	mehr Zuwachs als Abrieb
hinten:	hoch	mehr Zuwachs als Abrieb

Kurzstand (ohne Einstreu)

Wassergehalt		Zuwachs/Abrieb
vorne:	niedrig	mehr Zuwachs als Abrieb
hinten:	sehr niedrig	Zuwachs und Abrieb sind etwa gleich

Laufstall
1. mit Einstreu-Tiefstand

Wassergehalt		Zuwachs/Abrieb
vorne:	hoch	mehr Zuwachs als Abrieb
hinten:	hoch	mehr Zuwachs als Abrieb

2. ohne Einstreu

Wassergehalt		Zuwachs/Abrieb
vorne:	hoch	Zuwachs und Abrieb sind etwa gleich
hinten:	hoch	Zuwachs und Abrieb sind etwa gleich

3. mit Spaltenboden

Wassergehalt		Zuwachs/Abrieb
vorne:	normal	Zuwachs und Abrieb sind etwa gleich
hinten:	normal	Zuwachs und Abrieb sind etwa gleich

Fehlerhafte Aufstallungen

Anbindestall - Kurzstand (mit Gitterrost)

Gitterrostaufstallung (Schwemmentmistung) mit kurzer Standlänge, bei der die Tiere gezwungen sind, inmitten der Gitterstäbe zu stehen, sind für die Klauen schädlich, da die Klauen durch die Stäbe an der Klauenhornsohle erheblich deformiert werden (Bild 6, Seite 66; Bild 14, Seite 68). Nicht in jedem Fall liegt bei Kurzständen der Fehler bei der Aufstallung selbst. Aufgrund einer Überbesetzung des Stalles werden oft große Rinder, sogar Milchkühe, auf Plätze gestellt, die die Abmessungen für Jungrinder aufweisen. Dünne Gitterroststäbe, wie sie vor allem bei selbstgebauten Schwemmentmistungen anzutreffen sind, bei denen zu dünnes Baustahleisen verwendet wird, deformieren die Klauenhornsohle ebenfalls erheblich.

Die Belastung einer gut gepflegten Klaue beträgt auf ebenem Boden 5 kg/cm^2. Sie steigt auf 2 cm Gitterstäben auf 21 kg/cm^2 an. Bei runden und sehr schmalen Stäben mit 0,5 cm Auftritt steigt die Punktbelastung bis auf 80 kg/cm^2 an.

Mangelhaft verschweißter Gitterrost, Abbrechen von Gitterroststäben können zu erheblichen Klauenhorndefekten führen und sind für die der Klaue angrenzende Haut sehr verletzungsgefährlich.

Wenn das Verhältnis der Klauengröße zu den Abständen der Gitterstäbe nicht stimmt, vor allem wenn sehr junge Tiere an Plätzen aufgestallt werden, deren Gitterstäbe für ausgewachsene Tiere bestimmt sind, können sich Klauen zwischen den Gitterroststäben verklemmen und so der gesamte Klauenhornschuh auch mit Teilen des Klauenbeins abgezogen werden. Es kann auch der Klauenknochen mit Bändern oder Gelenken innerhalb des Klauenhornschuhs brechen.

Anbindestall - Kurzstand mit Mistgraben

Bei Kurzständen mit Mistgraben ist ein zu kurzer Stand bzw. sind zu lange Tiere im Verhältnis zur Standlänge für das Horn der Hinterklauen sehr schlecht. Da die Tiere gezwungen sind, im Graben zu stehen, wird das Klauenhorn zu feucht und weich.

Da die Nachhand im Graben tiefer steht als die Vorhand, entsteht eine Überbelastung der weichen Klauen der Hinterextremitäten, wodurch es zu vermehrten Schäden an diesen Klauen kommt.

Laufstall mit Spaltenboden und Liegebox

Laufstallbedingte Ursachen für Klauenschäden sind uneben verlegte Betonbalken mit Hobelwirkung, Balken mit zu scharfen, rauhen abgesplitterten oder ausgebrochenen Kanten. Hierbei werden vor allem die Klauensohle und die Klauenspitzen betroffen. Das Klauensohlenhorn und die Klauenspitzen können bis zur Klauenlederhaut abgeschliffen werden, und zwar so weit, daß sogar an den Spitzen und den Hornsohlen aller Klauen die Lederhaut oder auch der Klauenknochen freiliegt (Bild 7, Seite 66).

Zu schmale Balken mit weniger als 12 cm Auftrittsbreite, zu breite Spalten (mehr als 2,5 bis 3,0 cm) oder zu glatte Auftrittsflächen bedingen vorzugsweise das Abbrechen von Klauenhornspitzen. Bei zu großen Spaltenabständen oder jungen Tieren mit zu kleinen Klauen im Verhältnis zum Spaltenabstand ist auch das Abziehen des Klauenhornschuhes mit oder ohne Klauenbeinbruch möglich.

Laufstall ohne Einstreu

Zuschlagsstoffe im Beton wirken sich auf die Klauenabnutzung aus. Bei der Benutzung von Natursand in Betonmischungen geht der Klauenabrieb im Ver-

gleich zu gebrochenem Material zurück. Bei gebrochenem Material ist er um so höher, je größer die Körnung ist.
Besonders in der Anfangszeit sind viele Klauenschäden in Laufställen auf die erhöhte Klauenabnutzung durch zu rauhe Fußböden zurückzuführen.
Sehr lange genutzte Aufstallungen, die im Laufe von Jahren bereits blankpoliert wurden, haben zwar außer mangelhaftem Abrieb keinen nachteiligen Einfluß auf die Klaue, die Bruchgefahr an den Extremitäten steigt jedoch stark. Bandabrisse und Knochenbrücke sind nicht selten.

horn auf Kurzstand oder Spaltenboden treten besondere Probleme auf und zwar:
Eindrücken der Sohlenlederhaut durch vermehrte Druckbelastung an der vorher sehr weichen Hornsohle durch Gitterstäbe und Betonspalten, vermehr- tes Austrocknen des Hornes aller Klauen sowie Aushärten aller Unebenheiten der Hornsohle. Vor allem auch dünne Hornsohlen von Hochleistungsrindern sind gefährdet.
Alle diese Faktoren müssen bei der Vorbeuge gegen Schäden an Klauen vor einer Umstallung überlegt und beim Klauenschnitt berücksichtigt werden.

Einfluß auf das Klauenhorn bei Stallneubezug

Beim Umstellen von alten Stallsystemen, von Lang-, Mittellangstand mit weichem Klauen-

KLAUENSCHNEIDEN

Je mehr die Tiere gezwungen sind, sich mit einer Vielfalt "rationeller Bedingungen tierischer Produktion" aus Beton und Eisen abzufinden, desto mehr unnormale Klauen gibt es - um so genauer muß die Sachkenntnis bei der Klauenpflege sein und um so häufiger und genauer muß die harte und schwere Arbeit "Klauenschneiden" durchgeführt werden.

Warum Klauenschneiden?

Durch regelmäßiges Klauenschneiden Gesundheit, Nutzen und Wert des Rindes erhalten. Etwa normal wachsendes Klauenhorn entsprechend des Unterschiedes zwischen Wuchs und Abrieb, je nach Aufstallungsart verschieden oft, aber regelmäßig korrigieren oder schneiden und dadurch die normale Klaue erhalten.

Durch sachgerechtes Korrigieren und Schneiden des fehlerhaften unveränderlich unnormalen Klauenhornschuhes Leiden lindern und Schaden mindern helfen.

Unnormal, fehlerhaft wachsendes, defektes, aber korrigierbares Klauenhorn - die Stallklaue - in seiner Ursache erkennen und also, der Erkenntnis entsprechend, besonders oft und vorsichtig beschneiden und die Klaue wieder in eine normale Klauenform bringen.

Wie oft Klauenschneiden?

Der Klauenbeschnitt muß bei ganzjähriger Stallhaltung mindestens

— im Anbindestall
  Lang-
  Mittellangstand   2 x jährl.
  Kurzstand

— im Laufstall
  mit Einstreu-
  Tiefstand   3 x jährl.
  ohne Einstreu   2 x jährl.
  mit Spaltenboden 1 x jährl.
— Deckbullen   3 x jähr.

vorgenommen werden.

Bei Einzeltieren mit sehr weichem Klauenhorn sollte auch viermal im Jahr geschnitten werden, da dieses Horn wesentlich schneller und ungleichmäßiger wächst als hartes Klauenhorn. Das gleiche gilt für korrigierte Stallklauen und operierte Klauen.

Das Klauenhorn deformierter Klauen wächst ungleichmäßiger und unregelmäßiger nach als normales Klauenhorn. Daher sollten solche Klauen für ein Jahr lang vierteljährlich beschnitten werden.

Es ist immer besser, die Klauen öfter zu beschneiden, dafür aber nicht zuviel abzutragen. Die Druck-Weichheit der Sohle ist die äußerste Grenze, das heißt, die Sohle darf nicht dünner als 5 mm sein.

Wann Klauenschneiden?

Bei Rindern mit ganzjähriger Stallhaltung ist der Zeitpunkt des Klauenschneidens nicht von der Jahreszeit, sondern vom Zustand des Klauenhornschuhes selbst abhängig.

Bei *Weiderindern* einmal rechtzeitig vor Weideauftrieb im Frühjahr, etwa vier Wochen vorher, und das zweite Mal bald nach Beendigung der Weidesaison im Herbst (Weideabtrieb), möglichst innerhalb des folgenden Monats, wegen der Steine, die sich beim Weidegang in das Horn eintreten.

Besonders schlimme Folgen für die Klaue entstehen, wenn Rinder mit schlecht oder nicht beschnittenen Klauen im Frühjahr auf die Weide getrieben werden. In die Spalten, Lücken und Hohlräume der Stallklaue treten sich Erde, Sand und Steine, die durch die vermehrte Bewegung auf der Weide vom Horn auf die Lederhaut, sogar bis auf Knochen und Sehnen durchgerieben werden können.

Bei langen Stallklauen kommt es auch zum Abbrechen des überstehenden Hornes, vor allem an der Klauenspitze, was zu einer erheblichen Verletzung der Klauenlederhaut führen kann, wenn das Horn im Bereich der Klauenlederhaut einreißt.

Es gibt keine weidetypische Klauenerkrankung, dafür aber häufig Erkrankungen der Klaue zur Weidezeit, die durch eine Stallklaue auf der Weide verursacht wurde. Denn sechs Monate Stall im Winter ist genügend Zeit für die Entstehung einer Stallklaue.

Vor Stall-Neubezug

Beim Übergang vom geräumigen und gut eingestreuten Lang- und Mittellangstand zum einstreuarmen oder einstreulosen Kurzstand oder Spaltenboden treten häufig Schwierigkeiten auf, besonders bei alten Kühen und bei solchen mit fehlerhafter Beinstellung. Unbedingt notwendig ist der Klauenbeschnitt etwa vier Wochen vor einer Neuaufstallung, etwa im Fall eines Stallumbaues zu einer anderen Aufstallungsart.

Das sehr weiche Klauenhorn der Klauenhornsohle, wie es etwa beim Mittel-, Lang- oder Tiefstand vorhanden ist, wird am Kurzstand, dem Schwemmstand oder Spaltenboden in die Sohlenlederhaut gedrückt, wo es dann nachhärtet. Dadurch können umfangreiche Druckstellen, Blutergüsse und Abszesse und Schäden an Knochen und Gelenken entstehen.

Auch die Umstallung des Jungviehs vom Laufstall mit Spaltenboden in einen einstreulosen Milchviehanbindestall ist nicht ganz problemlos. Druckstellen, Blutergüsse und Unebenheiten sind auch hierbei vor allem am Ballenhorn möglich. Deshalb ist vor einer Umstallung auf Anbindeplätze Klauenschneiden anzuraten.

Nur die Haltung von Färsen im einstreulosen Anbindestall gewährleistet eine problemlose Umstallung auf die Kuhplätze. Kommen aber beim Neubezug von Kurzständen oder Spaltenboden die Jungtiere aus Lang- und Mittellangständen, so ist bereits ein Monat vor dem Wechsel durch Klauenbeschnitt, häufiges Entmisten und durch Gewährung reichlicher Einstreu für stets trockene und dadurch harte Klauen zu sorgen. Die Klauen härten auch, wenn zwei Wochen lang vor der Umstallung Branntkalk eingestreut wird.

Jungtiere, die von der Weide in Kurzständen oder auf Spaltenböden eingestallt werden, müssen ebenfalls etwa vier Wochen vor Aufstallung einen Klauenbeschnitt erhalten.

Klauenpflegegeräte

Aus Gründen der Arbeitsrationalisierung im landwirtschaftlichen Betrieb und aufgrund der großen Viehbestände ist heute jeder Landwirt und Klauenpfleger bestrebt, das körperlich sehr harte serienmäßige und regelmäßige Klauenschneiden, soweit wie vertretbar möglich, zu mechanisieren. Das betrifft sowohl das Ruhigstellen des Tieres als auch das Bearbeiten der Klaue selbst. Das Klauenschneiden wird daher fast ausschließlich mit sogenannten "modernen Zwangsmitteln" wie Klauenpflegestand und Kipptischen vorgenommen.

Klauenschneiden am freistehenden Rind mit Aufheben des Fußes von Hand aus oder einfache Zwangsmittel wie Achillessehnenbremse, Klauenstab, Flaschenzug, Körperseil usw. gehören der harten Arbeit wegen, und nicht zuletzt aus Sicherheitsgründen für Pfleger und Tier, der Vergangenheit an. Auch das Beschneiden der Klauen nur mit Stoß- oder Schubmesser, Hufmesser, Hammer und Stemmeisen wird immer weniger oder nur als Teil einer Arbeitsmethode ausgeübt.

Die sehr harten Klauen, bedingt durch Aufstallungsarten wie Gitterrost oder Spaltenböden, ebenso wie die Verwendung von Kipptischen, verlangen nach vollmechanisch spanabhebenden Geräten, wie die Winkelschleifmaschine - Flex.

Die Sicherheitsvorschriften beim Umgang mit Klauenpflegegeräten und Rindern sind von der landwirtschaftlichen Berufsgenossenschaft zu erhalten und genau zu beachten.

Klauenpflegestand

Vorteile:

Gut geeignet für das Beschneiden der Klaue nach der Allgäuer Methode und für die Winkelschleifmaschine sind Zwangsstände mit:

— Schenkelgurten,
— Bauchgurten,
— Brustbeingurt zwischen den vorderen Füßen,
— einem Halsrahmen ohne Querkette oder Querstange.

Nur Zwangsstände mit genannten technischen Einzelheiten liefern für Klauenpfleger und Rind echte Sicherheit während der Arbeit. Die Klauen der Hinterfüße sind optimal zugänglich.

Abbildung 23: Klauenpflegestand (Wallner)

Klauenpflege - Kipptisch

Nachteile:
Der Nachteil jedes Klauenstandes ist, daß die Vorderfüße nicht gut zugänglich sind und das Klauenschneiden in gebückter Haltung durchgeführt werden muß.
Nicht ausreichend gesicherte Zwangsstände ohne Brust- oder Schenkelgurte sind für sicheres Klauenschneiden weniger geeignet, da ein Abrutschen des Tieres nach vorne oder hinten nicht vermeidbar ist. Schäden am Tier wie Abreißen von Gelenken und auch Erdrosseln des Rindes sind möglich.

Klauenpflege-Kipptisch

Vorteile:
Kipptische für Traktor-Hydraulik sind noch nicht lange im Handel. Diese Geräte schaffen eine optimale Arbeitsposition in Brusthöhe für den Klauenpflegenden - kein Bücken erforderlich. Leichte Bedienbarkeit des Klauenpflege-Kipptisches über die Traktor-Hydraulik und große Sicherheit für Pfleger und Tier sind ebenfalls hervorzuheben.

Nachteile:
Ein Mann ist zusätzlich für die Bedienung des Traktors und der Hydraulik nötig. Die Füße sind nicht so gut fixierbar wie die Hinterfüße beim Klauenstand. Die Allgäuer Methode kann auf dem Kipptisch nicht durchgeführt werden. Es kommt ausschließlich die Flex-Methode in Verbindung mit Klauenzange oder Klauenschere in Betracht. Die seitlichen Klauenhornwände, die am Kipptisch nach unten zu liegen kommen, sind schwer zugänglich (nur von unten).

Klauenschneiden - Methoden

Besonderes Augenmerk ist darauf zu richten, daß

— die Klauenspitzen kurz, aber auf keinen Fall hinter der weißen Linie,
— die Klauensohle glatt - ohne Stufen und Trichter,
— die vordere Hornwand plan in Verlängerung des Hornsaumes,

56 Klauenschneiden

Abbildung 24: Durch 2 Beckengurte und 2 Kreuz-Brustgurte ist ein genaues Fixieren des Rindes zu erreichen. Ein unerwünschtes Abrutschen nach vorne oder hinten ist nicht möglich.

— die seitliche Hornwand annähernd senkrecht geschnitten wird.

Beim Übergang von der Hornsohlen-Innenfläche zur Innenwand Vertiefung einschneiden.

Klauenschneiden - Methoden 57

Abbildung 25: Nur durch Untergurten von Brustbein und Becken ist ein sicheres und ungefährliches Aufgurten möglich.

Die Klauenhornsohle nicht zu dünn, dafür aber öfter (ca. 5 mm dick) schneiden.
Die Vertiefung - Hohlkehlung muß klauengerecht sein, das heißt, bei einer normalen, gesunden Klaue tiefer, bei einer flachen Klaue flacher einschneiden oder einschleifen (Voll- und Reheklauen).
Bei Rindern mit starker Klauenhornbildung ist es wichtig, die nach vorne und oben verlängerte und aufgedrehte Hornwand in der Ebene der Verlängerung des Kronsaumes planzuschleifen.

58 Klauenschneiden

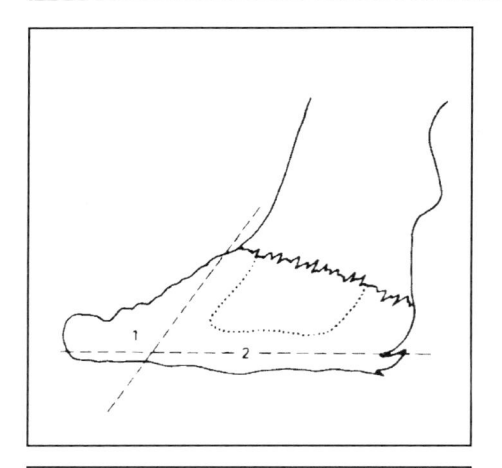

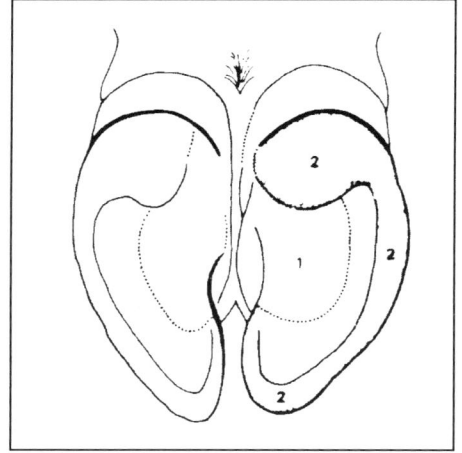

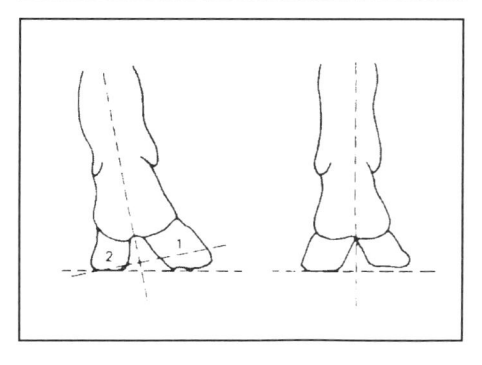

Abbildung 26: Arbeitsfolge beim Beschneiden von Stallklauen - schematisch für Allgäuer Methode
Stemmen und Schneiden für Flex-Methode
Schleifen
oben:
Vordere Hornwand abstemmen, planschleifen, Klauenhornsohle planschneiden - schleifen
Mitte:
Hohlkehlung - Vertiefung in Klauenhornsohle innen einschneiden (1, weiß)
tragende Teile der Klauenhornsohle (2, grau) planschleifen, schneiden
unten:
Außenklaue (1) meist länger und höher als Innenklaue (2) - angleichen

Allgäuer Methode

Der Klauenbeschnitt nach der Allgäuer Methode wird vorzugsweise im Klauenpflegestand bei weichem Klauenhorn angewendet. Bei Mittellang- und Langständen und Tiefständen kann der Klauenbeschnitt nach der Allgäuer Methode gut durchgeführt werden. Die Allgäuer Methode wird mit Stoß-, Schubmesser, Stemmeisen, Hammer (Fäustel), Rinnmesser, Hufmesser auf einem Holzklotz mit der Abmessung von 25 x 30 x 35 cm durchgeführt (Abb. 29 bis 35).

Normal geformte Klauen

Bei einer etwa normal geformten Klaue empfiehlt es sich, mit dem Klauenbeschnitt an der Klauenhornsohle zu beginnen. Nur so ist man sicher, nicht durch vorheriges Abstemmen der Klauenspitze hinter die weiße Linie zu kommen:

a) Klauenhornsohle mit Stoßmesser schichtweise abnehmen, bis weiße Linie an Klauenspitze und Außenwand erscheint. Innenklaue und Außenklaue angleichen - das Horn der Außenklaue ist meist höher und länger als das der Innenklaue.
b) Mit Hufmesser loses Horn und Schrunden an Hornsohle und Ballen ausschneiden.
c) Vertiefung - Hohlkehlung an der Hornsohlen-Innenfläche und an der inneren Hornwand einschneiden.
d) Klauenspitzen, wenn nötig, abstemmen oder rundraspeln - nicht hinter die weiße Linie kommen (Bild 11, Seite 68)!
e) Afterklauen mit Zange oder Schere kürzen, so daß die Länge der Afterklaue ihrem Durchmesser entspricht.

Stallklauen

Bei Stallklauen ist das Abstemmen der sehr langen und verformten Klauenspitzen zuerst vorzunehmen, ein ausreichender Sicherheitsabstand zur weißen Linie an der Klauenspitze und Außenwand ist zu belassen.

60 Klauenschneiden

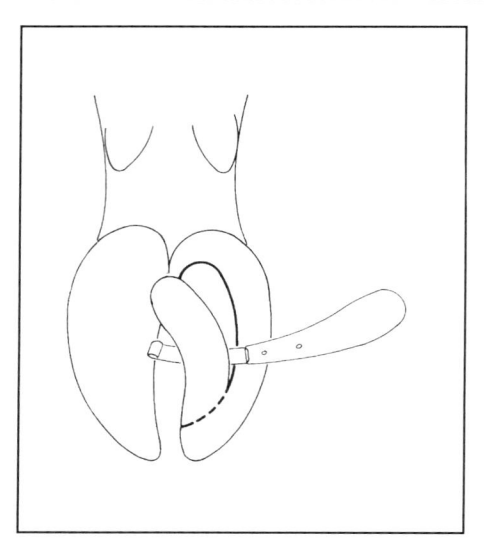

Abbildung 27: Einschneiden der Hohlkehlung mit dem Hufmesser

Abbildung 28: Vorsicht! - Eine Klauenzange zwickt einen Radius. Verletzung der Klauenlederhaut ist leicht möglich

a) Klauenspitze und Außenwand mit Hammer und Stemmeisen abstemmen.
b) Vordere und seitliche Hornwand in der Verlängerung des Kronsaumes eben raspeln.
c) Klauenhornsohle mit Stoßmesser schichtweise abnehmen, bis weiße Linie an der Klauenspitze und der Außenwand erscheint. Innenklaue und Außenklaue angleichen - die Außenklaue ist meist höher und länger als die Innenklaue.
d) Mit Hufmesser loses Horn und Schrunden an Hornsohlen und Ballen ausschneiden.
e) Vertiefung - Hohlkehlung an Hornsohlen-Innenfläche und Innenwandharn einschneiden.
f) Klauenspitzen rundraspeln.

Allgäuer Methode 61

Abbildung 29:
Klauenputz oder Stoßmesser

Abbildung 30:
Stemmeisen

Abbildung 31:
Spezialhammer

62 Klauenschneiden

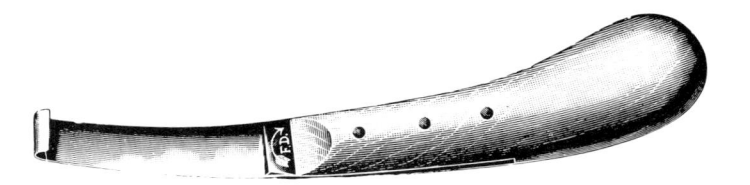

Abbildung 32: Hufmesser

Abbildung 33: Klauenraspel

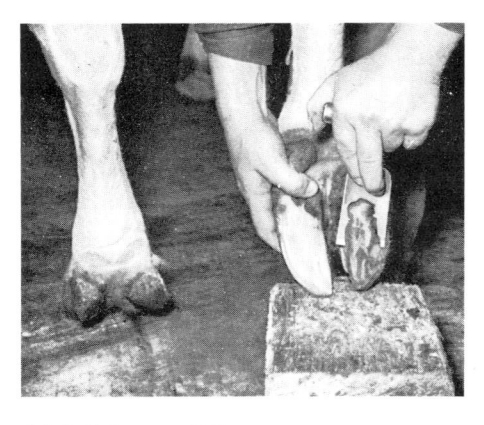

Abbildung 34:
Hornsohle abnehmen

Abbildung 35:
Vertiefung einschneiden

Allgäuer Methode 63

Abbildung 36: Schleifscheiben (Papier - Kunststoff)

Abbildung 37: Metallscheibe

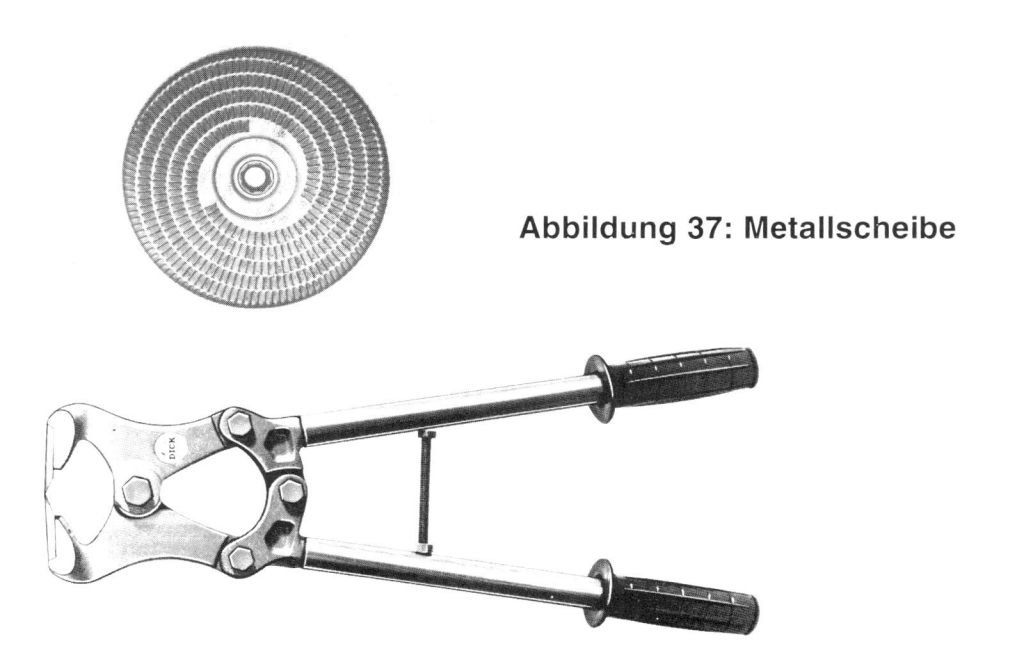

Abbildung 38: Klauenzange

64 Klauenschneiden

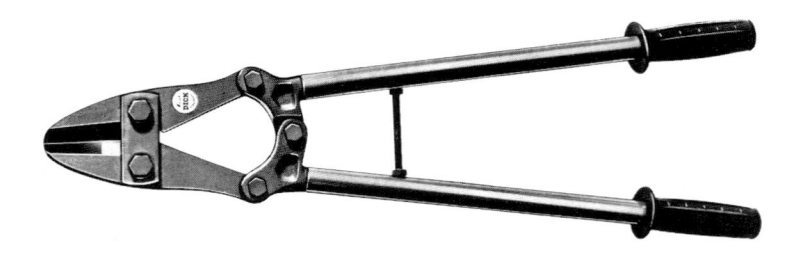

Abbildung 39: Klauenschere

Vorteil:
Kein großer Geräteaufwand, staubfreie Arbeit.

Der **Nachteil** dieser Methode ist die besonders harte, in gebückter Haltung zu verrichtende Arbeit, und daß diese nur bei weichem Klauenhorn gut durchgeführt werden kann.
Die abgewandelte Allgäuer Methode läßt sich nur im Klauenpflegestand mit verschiedenen anderen Klauenpflegegeräten durchführen.
Statt Stemmeisen können bei Stallklauen Klauenzange und Klauenschere verwendet werden (Abb. 38, 39). Statt Schubmesser und Raspel die Winkelschleifmaschine - Flex. Übrig bleibt dann aber von der ursprünglichen Allgäuer Methode nur noch sehr wenig.

Flexmethode mit der Winkelschleifmaschine

Hartes Klauenhorn, wie es auf Kurzständen und Spaltenböden anzutreffen ist, kann mit der Allgäuer Methode nur noch sehr schwer bearbeitet werden. Der Klauenbeschnitt mit der Winkelschleifmaschine ist hier vorteilhaft. Diese abgewandelte Allgäuer Methode in Verbindung mit der Winkelschleifmaschine Flex hat im Klauenstand eine weitgehende Verbreitung gefunden und wird an Kipptischen ausschließlich angewendet.

Normal geformte Klaue

a) Klauensohle abschleifen bis die weiße Linie an der Klauenspitze und Außenwand erscheint. Innenklaue und Außenklaue angleichen - die Hornsohle der Außenklaue ist meist höher und länger als die der Innenklaue.

b) mit Hufmesser loses Horn und Schrunden an Hornsohle und Ballen ausschneiden.

c) Vertiefung - Hohlkehlung an der mittleren Hornsohlen-Innenfläche und an der Innenwand einschleifen.

d) Klauenspitzen rund schleifen - nicht hinter die weiße Linie kommen!

e) Afterklauen mit Zange oder Schere kürzen, so daß die Länge der Afterklaue ihrem Durchmesser entspricht.

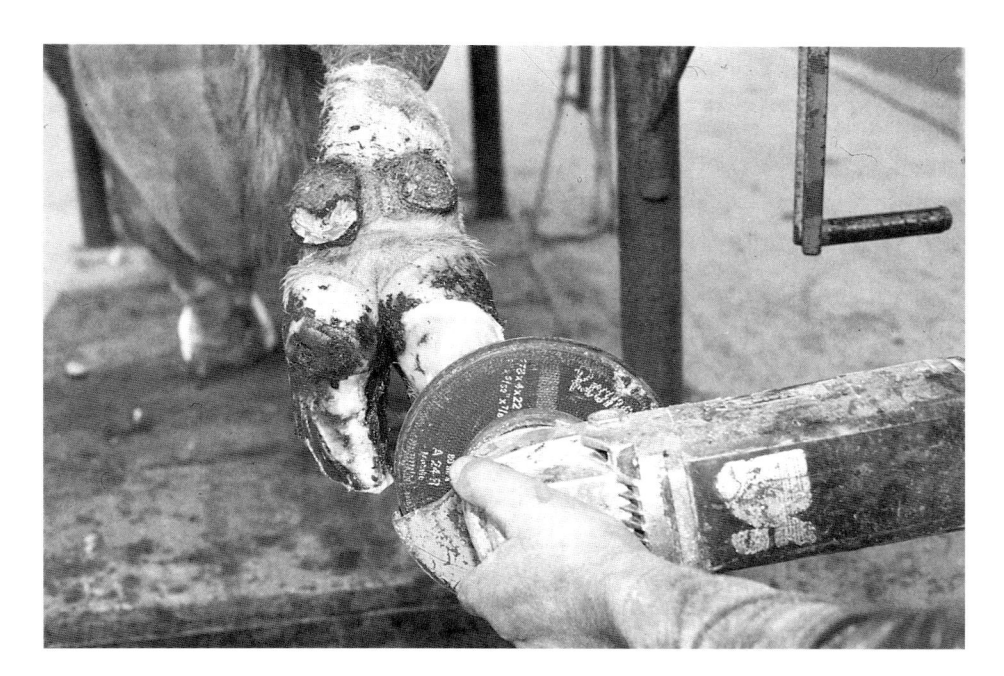

Abbildung 40: Klauenschleifen mit der Flex

Stallklauen

Bei Stallklauen ist auch bei der Flexmethode die Klauenkorrektur an den zu langen und verformten Klauenspitzen zu beginnen.

a) Klauenspitzen im Klauenpflegestand mit Hammer und Stemmeisen auf dem Kipptisch mit Klauenzange oder Schere kürzen. Sicherheitsabstand zur weißen Linie an Klauenspitzen beachten.

b) Vordere und seitliche Hornwand in der Verlängerung des Hornsaumes planschleifen (Abb. 40; Bild 12, Seite 68).

c) Klauenhornsohle abschleifen bis weiße Linie erscheint. Innenklaue und Außenklaue angleichen - die Außenklaue ist meist höher und länger als die Innenklaue (Abb. 40; Bild 13, Seite 68).

d) Mit dem Hufmesser loses Horn und Schrunden an Hornsohle und Ballen ausschneiden.

e) Vertiefung - Hohlkehlung an der Hornsohlen-Innenfläche und am Innenwandhorn einschleifen.

f) Klauenspitzen rundschleifen. Die Klauenspitzen sollen bei jedem Klauenbeschnitt rund gehalten werden, da bei Gitterrost und Spaltenböden die Gefahr des Abbrechens der Klauenspitzen samt Klauenbein besteht.

Mit **Kunststoff-/Pappscheiben**
Die normalerweise feinkörnigen Papp- und Kunststoff-Schleifscheiben müssen bei der Winkelschleifmaschine rechtzeitig ausgewechselt werden. Es besteht bei abgenutzten Scheiben die Gefahr, bei zu hohem Druck der Maschine auf das Klauenhorn, die Klauenlederhaut zu verbrennen.

Mit **Metallscheiben**
Alle rundlaufenden Schleifmaschinen drehen rechts nur in einer Richtung. Ebenso ist die Schleifrichtung für Schleifköpfe und Schleifscheiben nur für Rechtslauf ausgelegt.

Flexmethode 67

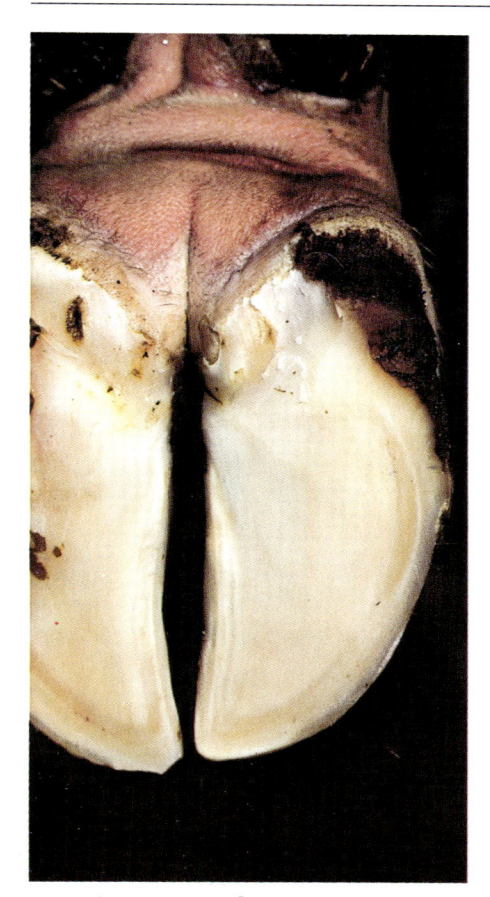

Bild 1: Die weiße Linie und die Klauenhornsohle

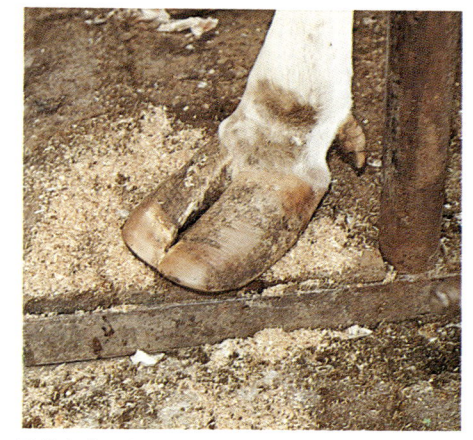

Bild 2: Pantoffelklaue

Bild 3: Schnabelschuhklaue

68 Klauenschneiden

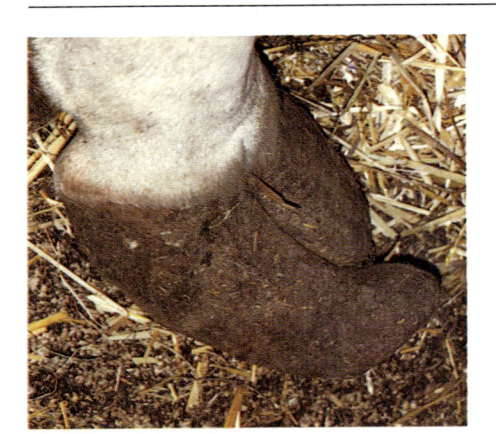

Bild 4: Scherenklaue

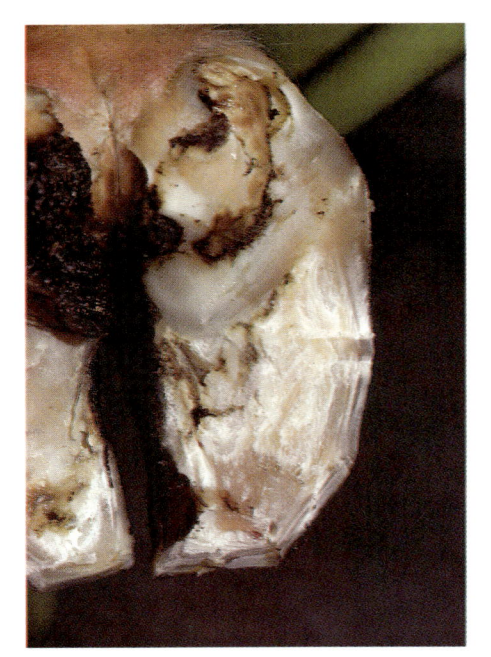

Bild 5: Zerfallshornklaue

Bild 6: Klaue von zu kurzem Gitterrost

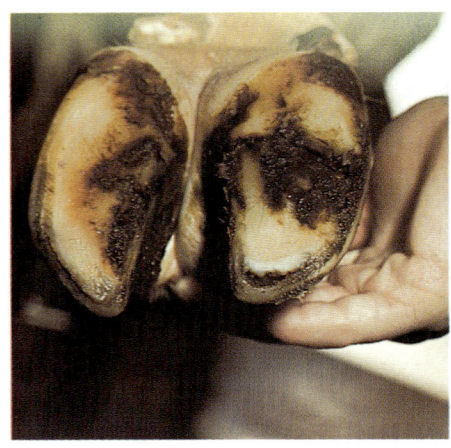

Bild 7: Klaue von einem zu scharfkantigen Spaltenboden

Flexmethode 69

Bild 8: Kipptisch Wallner

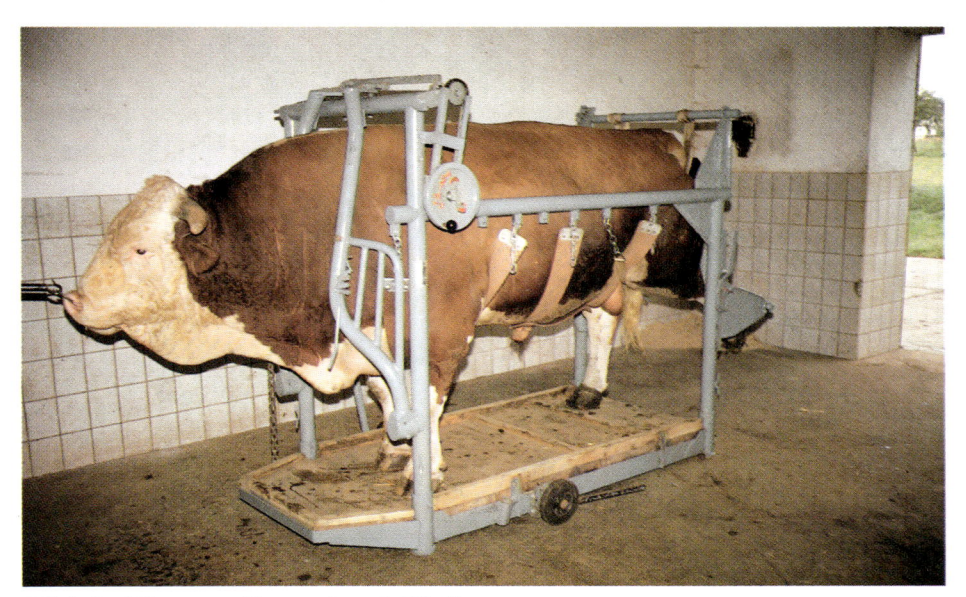

Bild 9: Klauenpflegestand Wallner

70 Klauenschneiden

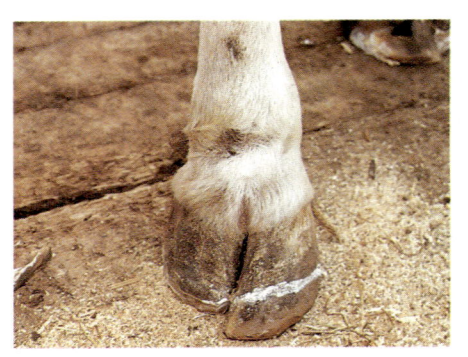

Bild 10: Die Linie zum Abstemmen der Klauenspitze ist mit Kreide aufgezeichnet

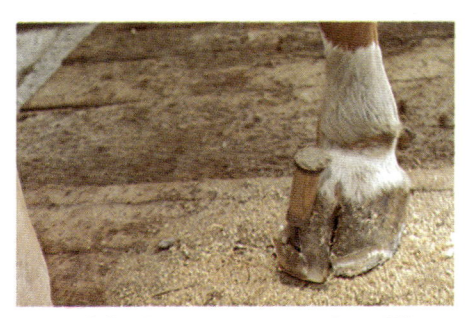

Bild 11: Abstemmen der Klauenspitze

Bild 12: Planschleifen der Hornwand

Bild 13: Planschleifen der Hornsohle

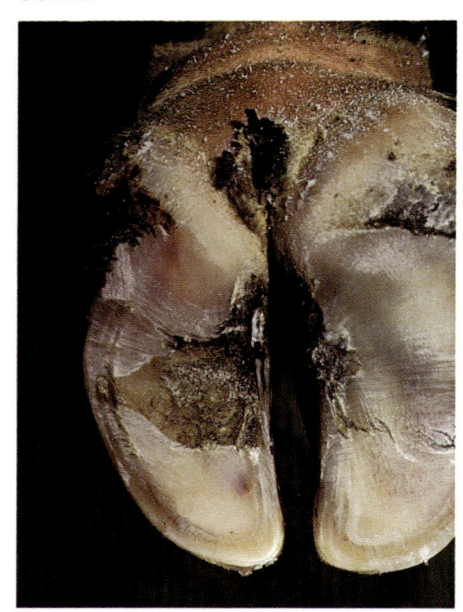

Bild 14: Klaue von zu kurzem Gitterrost ist korrigiert

Flexmethode 71

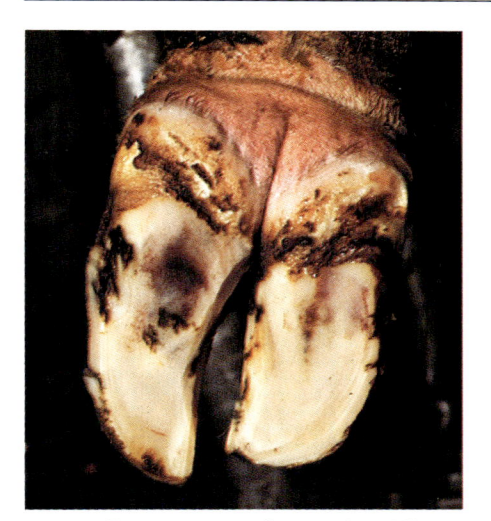

Bild 15: Bluterguß an der Klauensohle

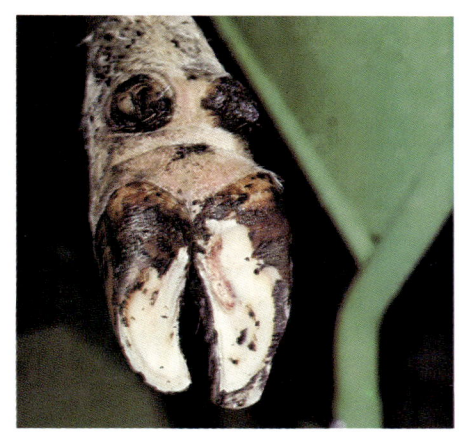

Bild 17: Beginnendes Klauengeschwür durch Lederhautquetschung an der Hornsohle

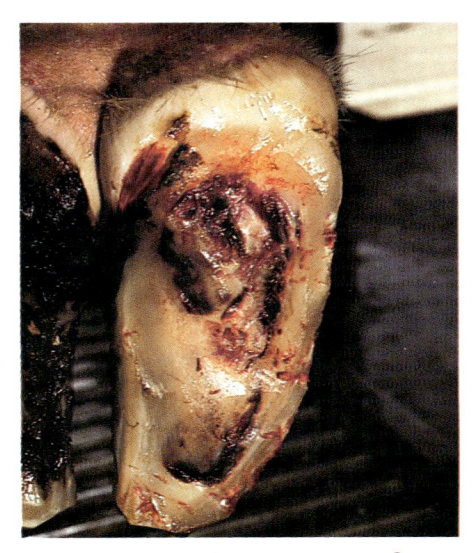

Bild 16: Großer Bluterguß an der Klauensohle

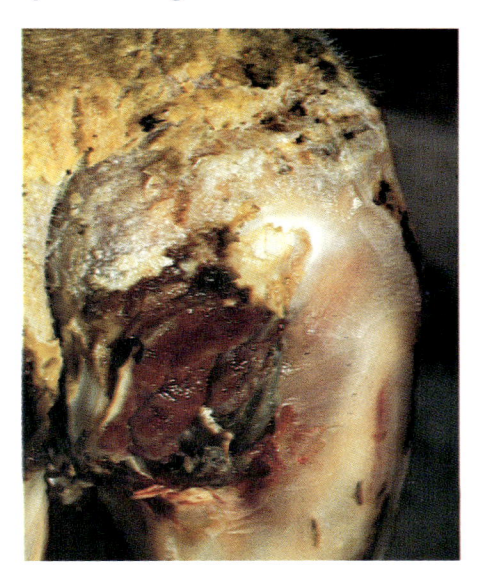

Bild 18: Kompliziertes Klauengeschwür, Gelenk und Sehne sind angegriffen

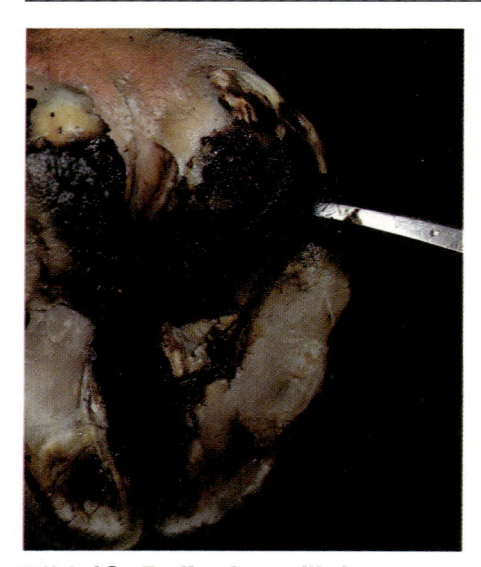

Bild 19: Ballenhornfäule

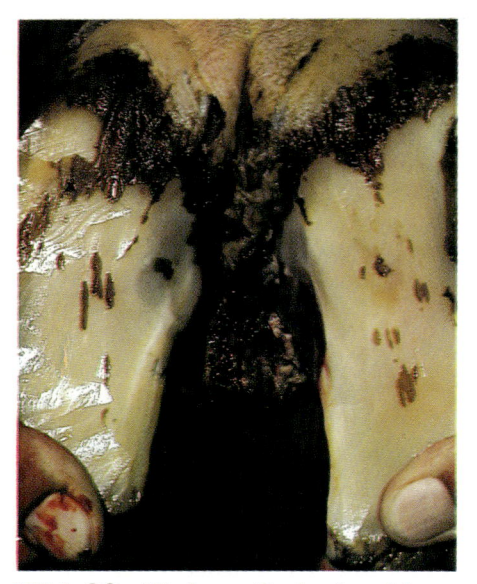

Bild 20: Kleiner Zwischenklauenwulst (Limax)

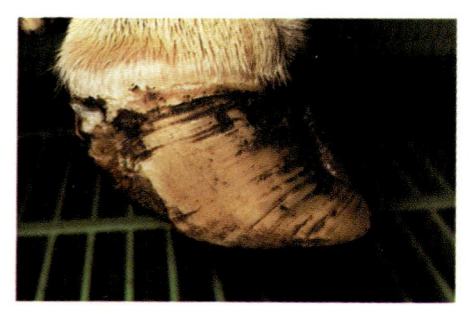

Bild 21: Klauenrehe

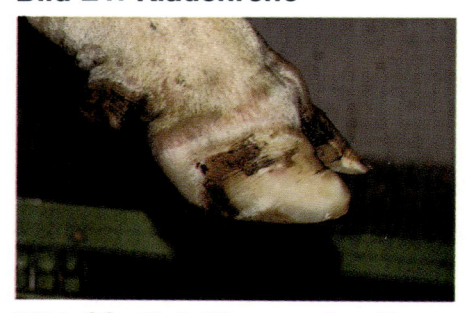

Bild 22: Bei Klauenrehe Hornwand vorne und außen abschleifen

Flexmethode 73

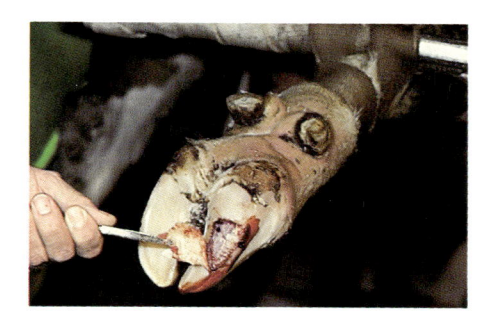

Bild 23: Sohlenabszeß

Bild 26: Panaritium

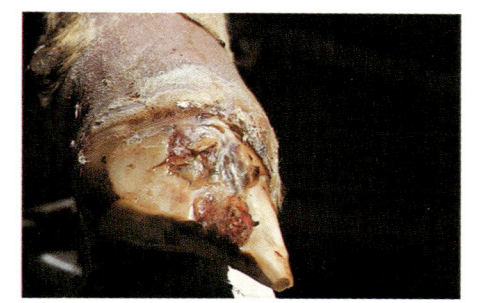

Bild 24: Wandabszeß

Bild 25: Ballenabszeß

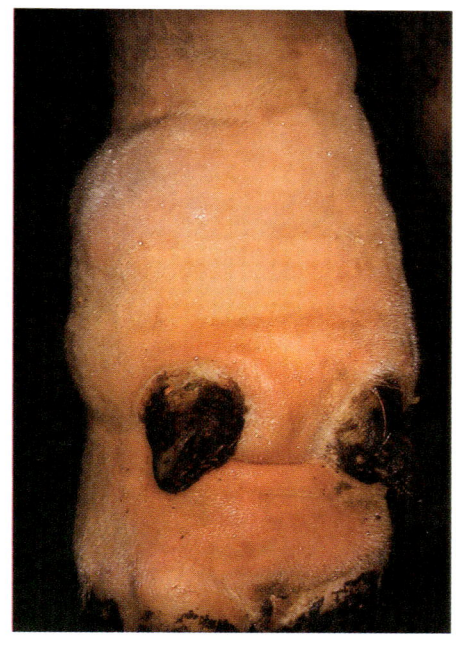

Bild 27: Infektion der Fesselbeugesehnenscheide durch Gabelstich in den Klauenballen

74 Klauenschneiden

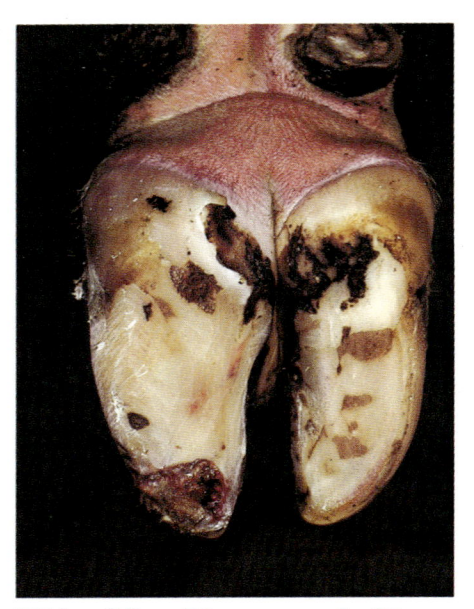

Bild 28: Die verschnittene Klaue – Klauenlederhaut freigelegt

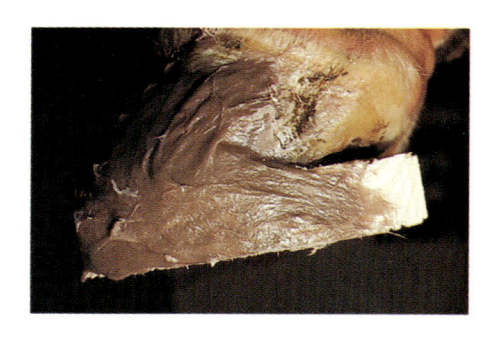

Bild 29: Holzklötzchen mit Glasfaserkunststoff-Außenwand (Ballen ohne Kunststoff)

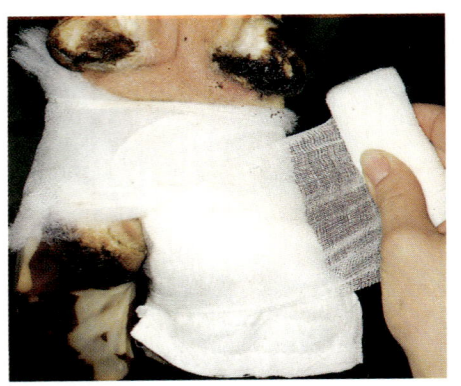

Bild 30: Anlegen eines Klauenverbandes mit elastischer Binde ohne freies Ende im Zwischenklauenspalt

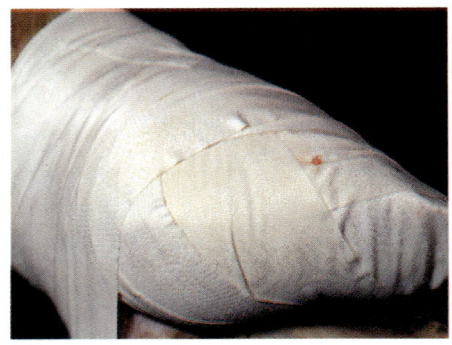

Bild 31: Klauenverband

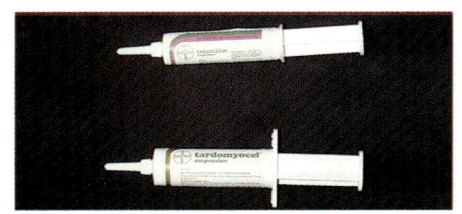

Bild 32: Öliges Euterpenicillin ist als Heilmittel bei Klauenleiden besonders gut geeignet

Die Zehe einer Klaue ist aber für Metallscheiben und Fräsköpfe nur dann völlig ruhig, ohne Rupfen und Schlagen zu bearbeiten, wenn sich die Scheibe in Richtung Zehenspitze dreht - das ist aber leider an jedem Zehenpaar nur eine Klaue - bei der anderen Zehe dreht sich die Scheibe von der Klauenspitze in Richtung Ballen.

Bei zu plötzlichem und zu starkem Andrücken des Schleifgerätes an diese Klauen schlägt die ganze Zehe hoch.

Der Klauenpflegende kann sich die Hand durch harte Schläge der Schleifmaschine verstauchen oder auch die Maschine aus der Hand verlieren. Daher keine schnellaufenden Maschinen verwenden (nur ca. 2000 U/Min.).

Vorteil:
Das hohe Arbeitstempo beim Klauenschneiden - sehr exaktes Bearbeiten der Klaue möglich - am Kipptisch ist die Flex-Winkelschleifmaschine die einzig brauchbare Möglichkeit, Klauen zu bearbeiten.

Nachteile:
Die enorme Staubentwicklung beim Schleifen mit Papp- oder Kunststoffscheiben mit Sandkörnung. Metallscheiben und Fräsköpfe haben diesen Nachteil nicht, sind jedoch teurer und erfordern mehr Vorsicht bei der Handhabung.

KLAUENKRANKHEITEN

Klauenlederhaut

Alle Erkrankungen an der Klaue des Rindes, vor allem die zunächst langsam verlaufenden, treten aufgrund vernachlässigter Klauenpflege - Zuchtwahl - Aufstallung - Fütterung - Klauenbeschnitt - also durch die Stallklaue, auf. Alle haben einen gemeinsamen Anfang, die Klauenlederhautentzündung.

Da durch jeden Entzündungsprozeß an der Klauenlederhaut der Wuchs an der Klauenoberhaut, die Verhornung gestört ist, wird defektes Horn nachproduziert, zuviel oder zuwenig, zu weiches oder zu hartes, rissiges, buckeliges Horn mit oder ohne Hohlräume. Es entstehen dabei, je nach Ort und Umfang unter

— der Hornsohle:
  Bluterguß, Klauengeschwür, Ballenfäule, Sohlen-Wandabszeß
— dem Wandhorn:
  Senkklaue, Klauenrehe
— der inneren Hornwand:
  Limax, Panaritium.

Alle diese Klauenerkrankungen können durch Zuwarten sehr kompliziert werden und dadurch den Anschein schnell verlaufender Erkrankungen hervorrufen. Zufällige Verletzungen wie Nageltritt, Gabelstich, Klauenbeinbruch, Abriß des Klauenhornschuhes sind selbständige Klauenkrankheiten, die nicht von der Stallklaue verursacht werden.

Wirtschaftliche Bedeutung

Etwa 8 bis 12 % aller Rinder leiden an Klauenkrankheiten.
Dier hohe Prozentsatz von Erkrankungen weist auf die wirtschaftliche Bedeutung des Problems für den Landwirt hin. Klauenerkrankungen gehören somit zu den häufigsten Erkran-

kungen im Rinder bzw. Kuhstall. Der Landwirt sollte deshalb über dieses sehr vielfältig in Erscheinung tretende Problem soviel wissen, daß wirtschaftlicher Schaden beizeiten abgewendet oder verringert werden kann und daß unnötiges Leiden gemildert oder beendet wird.

Die Lahmheiten

Der sichtbare Ausdruck eines jeden Klauenleidens ist die Lahmheit.
Um den Begriff "Lahmheit" zu verdeutlichen, werden die Lahmheiten beim Rind in drei Grade eingeteilt:

— geringgradig:
  Das Rind schont im Schritt (sichtbar nur in der Bewegung)
— mittelgradig:
  Das Rind schont im Stehen (sichtbar ohne Bewegung)
— hochgradig:
  Das Rind belastet die Extremität nicht mehr oder berührt den Boden nur noch mit der Zehenspitze.

Das Rind ist bei seiner Schmerzäußerung, welche die verschiedenen Lahmheitsgrade betrifft, so zuverlässig, daß der Grad der Lahmheit unbedingt der Erheblichkeit des Klauenleidens entspricht.

Langsam verlaufende Klauenleiden

Bluterguß an der Klauensohle

Der Bluterguß ist eine zunächst nicht eitrige, oberflächliche oder tiefe Entzündung der Klauenlederhaut, insbesondere der Klauensohle und der Außenklaue der Hinterhand. Der Erguß kann blutig oder wäßrig sein, je nach Alter des Blutergusses (Bild 15, 16, Seite 69).

Ursache
Durch Quetschung der Klauenhornsohle, durch schlecht beschnittene Klauen; Vollklaue ohne Hohlkehlung der mittleren Hornsohle; Unebenheiten an der Klauenhornsohle, zu lange Klauen; schlechte Weidewege;

Steine; bei Umstallungen von Rinderbeständen, ohne daß vorher innerhalb eines Zeitraumes von vier Wochen die Klauen frisch beschnitten wurden (bei Aufstallungen, bei denen die Hornsohle nachhärtet). Das heißt bei Umstallung vom Lang- oder Mittellangstand oder auch von der Ganzjahresweise auf Schwemmstand, Kurzstand oder Spaltenboden.

Anzeichen
Bluterguß, geringgradige Lahmheit, klammer Gang. Blutergüsse an allen Klauen der Fäße sind sehr schwer zu erkennen. Die Tiere stehen und liegen abwechselnd sehr lange. Stumpfes Haarkleid. Beginnende Abmagerung mit Schwielen und Liegestellen.

Behandlung
Klauenbeschnitt.
Die Klauen aller Füße korrekt beschneiden. Sohle etwa 5 mm dünn.
Umstallen.
Weiches Lager, weg vom Anbindestall.
Das Rind in einer Laufbox halten.
Die Hornsohle ist nur dann papierdünn abzutragen, wenn die Klauenhornsohle über dem Bluterguß bereits von selbst aufgebrochen ist und daher Infektionsgefahr besteht. Bei aufgebrochenen Blutergüssen muß das lose Horn ganz abgetragen werden. Hohlkehlung so gut wie möglich wiederherstellen.
Verband anlegen.
Bei Blutergüssen an allen Klauen der Extremitäten ist die Schlachtung anzuraten, wenn der Allgemeinzustand schon sehr schlecht ist (starkes Abmagern, viele Liegestellen).

Nachbehandlung
Wurden der Verband und die Haltungsbedingungen des Tieres so gewählt, daß der Verband drei Wochen erhalten bleibt, so ist eine Nachbehandlung im allgemeinen nicht erforderlich. Sonst Verbandwechsel jeweils nach 8 bis 14 Tagen, bis der Bluterguß abgeheilt ist.
Die Klauenkorrektur ist vierteljährlich zu wiederholen.

Langsam verlaufende Klauenleiden

Das Klauengeschwür (nach Rusterholz)

Das Rusterholzsche Klauengeschwür ist eine zunächst nicht eitrige 1-Pfennig- bis 5-Markstück große, runde Ballensohlenlederhautentzündung. Bevorzugt ist der Übergang von der Hornsohle zur inneren Hornwand, von der Hornsohle zum Ballenhorn und der Außenklaue der Hinterhand. Je nach Alter des Geschwüres und Beschaffenheit der Hornsohle kann das Geschwür eitrig, pilzförmig oder flach sein. Ohne oder mit Eiterkanal kann das Geschwür die tiefe Beugesehne und das Klauengelenk erfassen. Oft ist das Geschwür von der Hornsohle überdeckt und daher nicht sichtbar (Bild 17 und 18, Seite 69).

Ursache
Vernachlässigte Klauenpflege; mangelhafter, fehlerhafter Klauenbeschnitt; zu lange Klauenspitzen; zu flache, dünne Hornsohle; keine Hohlkehlung der Hornsohleninnenfläche, dadurch zu starker Druck auf die Hornsohleninnenfläche im hinteren Drittel der Klauensohle.

Das Gewicht des Tieres wird hierbei von der Hornsohle und nicht - wie erforderlich - von der Hornwand getragen. Der Schwerpunkt des Tieres geht durch die Ballenachse und nicht - wie erforderlich - durch die Klauenhornsohlenmitte.
Die Hornsohle wird am Übergang von der inneren Hornwand zum Ballenhorn hin gequetscht. Es wird zunächst nur ein kleiner, etwa 1-Pfennig-Stück großer Bluterguß sichtbar. Die Lederhaut löst sich dann von der Hornsohle. Durch ständige Reizung entsteht so unter der intakt erscheinenden Hornsohle das Klauengeschwür.

Anzeichen
Geringgradige bis mittelgradige Lahmheit, klammer Gang.
Das Rusterholzsche Klauengeschwür tritt meist an beiden Außenklauen gleichzeitig auf und wird im allgemeinen an den Hinterextremitäten beobachtet.
An den Klauen der Vorderextremitäten tritt das Rusterholzsche Klauengeschwür nur selten auf. Wenn es auftritt, dann meist an den Innenklauen des Tieres.
Wenn ein Klauengeschwür die

tiefe Beugesehne, das Klauenbein bzw. das Klauensesambein erreicht hat (kompliziertes Rusterholzsches Klauengeschwür), dann bestehen hochgradige Lahmheit und starke Schwellung des Ballenbereiches.

Behandlung
Klauenbeschnitt.
Klauen korrekt beschneiden, Zehen so kurz wie möglich, Hohlkehlung so tief wie möglich. Die Hornsohle um das Geschwür herum papierdünn abtragen. Die gesamte Hornsohle druckweich schneiden.
Ein kompliziertes Klauengeschwür, bei dem Sehnen und Gelenk betroffen sind, kann nur durch einen Tierarzt operativ behandelt werden.
Verband.
Umstallen.

Nachbehandlung
Wurden bei kleinen Klauengeschwüren der Verband und die Haltungsbedingungen des Tieres so gewählt, daß der Verband drei Wochen erhalten bleibt, so ist eine Nachbehandlung im allgemeinen nicht erforderlich.

Bei schwereren Fällen Verbandwechsel jeweils nach zwei bis drei Wochen, bis das Klauengeschwür abgeheilt und verhornt ist. Vierteljährlich Klauenkorrektur wiederholen.

Die Ballenhornfäule

Sie befällt vor allem das Ballenhorn der Hinterklauen von schlecht gepflegten, schrundigen, feucht-weichen Klauen (Bild 19, Seite 70).

Ursache
Hierfür ist das Stehen der Tiere mit den Hinterklauen in der Jauche bei zu kurzen Kotplatten bei Kurzständen verantwortlich. Bei Jauche oder Nässestau in Laufställen sind die Klauen von Hinter- und Vorderbeinen betroffen. Das Ballenhorn wird hierbei zu weich, in den Schrunden beginnt Fäulnis und Eiterung durch Bakterien und Pilze.

Anzeichen
Geringgradige Lahmheit beiderseits. Schrunden am Ballenhorn - mit Schwellung.

Behandlung

Aufstallung ändern, damit das Klauenhorn abtrocknen kann. Sachgerechte Klauenkorrektur regelmäßig vornehmen.

Zwischenklauenwulst (Schnecke, Limax)

Die Schnecke ist ein zunächst nicht eitriger, bleistift- bis daumendicker Wulst im Zwischenklauenspalt (Bild 20, Seite 70).

Ursache

Weiche Klauenhornsohle in Verbindung mit einer mangelhaften Ausbildung der Hohlkehlung (Vollklaue).
Dies bedingt einen starken Dickenzuwachs der inneren Klauenwand durch zu großen Druck auf die innere Hornwand. Die innere Klauenwand wächst im Zwischenklauenspalt zu weit und zu dick nach oben. Dadurch wird der Weichteil des Zwischenklauenspaltes (die Haut und Unterhaut) der betreffenden Klaue gequetscht und als Wulst zum Zwischenklauenspalt abgedrängt.

Anzeichen

Im allgemeinen keine Lahmheit. In Verbindung mit einem Rusterholzschen Klauengeschwür an der Klaue eines Fußes mittelgradige Lahmheit. Wenn die Schnecke durch äußere Einflüsse, wie Steine, Feuchtigkeit, Jauche infiziert wird, entsteht ein Panaritium - dann hochgradige Lahmheit.

Behandlung

Durch Klauenschneiden ist eine Verzögerung bzw. ein Stillstand einer Zwischenklauenwulstbildung möglich.
Durch Hohlkehlung der Hornsohleninnenfläche, Dünnschleifen (papierdünn) der inneren Klauenwand ist ein Wachstumsstillstand des Zwischenklauenwulstes zu erreichen.
Die Entfernung eines umfangreichen oder infizierten Zwischenklauenwulstes sollte operativ nur durch den Tierarzt vorgenommen werden.

Nachbehandlung

Regelmäßig, anfangs im Abstand von vier Wochen, später vierteljährlich, Klauenschneiden oder -schleifen. Umstallen.

Klauenkrankheiten

Die Klauenrehe
Senk-, Flach-, Vollklaue

Die Klauenrehe ist eine nicht eitrige, schwache bis starke Wandlederhautentzündung mit geringer bis starker Loslösung der Wandlederhautblättchen von der Klauenoberhaut, dem Wandhorn. Der Klauenhornwuchs ist gestört, es kommt zu leichtem bis starkem Absinken des Klauenbeines zur Hornsohle hin. Je nach Grad des Absinkens entsteht eine Senk-, Flach- oder Vollklaue bis hin zur ausgeprägten Reheklaue, da der Aufhängeapparat nicht mehr funktioniert.

Ursache
Die Ursache der Klauenrehe ist im Bereich der Fütterung, in einem vernachlässigten Klauenbeschnitt und im zu großen Gewicht des Rindes im Verhältnis zur Klaue zu suchen.

Anzeichen
Klammer Gang.
Deutliche Rillenbildung an der vorderen und seitlichen Hornwand. Wölbung der vorderen Klauenwand, an der Klauenspitze Knollenbildung (Bild 21, Seite 70).
Vollklaue, fehlende Hohlkehlung der Hornsohlen-Innenfläche und der Innenwand. Die Krankheitsanzeichen vom beidseitigen Klauenrehe-Bluterguß und Klauengeschwür sind sehr ähnlich.

Behandlung
Umstallen.
Klauenschneiden.
Zunächst alle Klauen korrekt beschneiden (Bild 22, Seite 70). Das Klauenhorn muß nach dem Klauenbein gerichtet werden. Abschleifen der vorderen Hornwand. Die Hohlkehlung der Hornsohlen-Innenfläche so weit als möglich wiederherstellen, damit das Gewicht des Tieres wieder von der Hornwand (und nicht von der Hornsohle) getragen wird. Es besteht sonst die Gefahr, daß sich durch die Vollklaue umfangreiche Rusterholzsche Klauengeschwüre, Limax oder Blutergüsse bilden, oder daß an der Klauenspitze das Klauenbein durch die Klauenhornsohle durchbricht.

Nachbehandlung

Vierteljährlich Klauenkorrektur wiederholen. Wenn die Umstallung und regelmäßiges Klauenschneiden sorgfältig und fachgerecht durchgeführt werden, können Rinder auch mit erheblicher Klauenrehe noch über Jahre am Leben und bei Leistung gehalten werden.

Schnell verlaufende Klauenleiden

Sohlenwandabszeß (eitrig-hohl)

Der Sohlenwandabszeß ist eine oberflächliche bis tiefe, eitrige Infektion der Klauensohlenlederhaut bzw. Wandlederhaut. Bei längerem Bestehen des Abszesses können Knochen, Bänder, Sehnen und Gelenke angegriffen sein (Bild 23 bis 25, Seite 71).

Ursache

Quetschung der Hornsohle und der Hornwand und deren Lederhaut, infizierter Bluterguß oder Klauengeschwür. Ein Horndefekt muß nicht unbedingt sichtbar sein. Ein Kanal zum Eiterherd ist dann nicht aufzufinden.

Anzeichen

Sohlenwandabszesse bewirken hochgradige Lahmheiten, anfangs keine Schwellung.

Behandlung

Klauenbeschnitt.
Zunächst alle Klauen kontrollieren und, wenn nötig, korrekt abschneiden. Die vom Abszeß unterhöhlten Hornbereiche werden an Klauenhornsohle und -wand papierdünn abgetragen. Sodann müssen alle nicht mit der Klauenlederhaut in Verbindung stehenden Hornteile entfernt werden.
Die Klauenlederhaut ist zu schonen. Nur die hohle Sohle bzw. Wand abtragen. Wenn die Sohle oder Wand nur durch ein kleines Loch eröffnet wird, fließt der Eiter nicht völlig ab, das Loch verschließt sich wieder.
Wenn innerhalb von acht Tagen keine Besserung der Lahmheit eintritt, so ist eine Behandlung durch den Tierarzt erforderlich.

Nachbehandlung

Wird der Verband so angelegt

und die Aufstallung des Tieres so gewählt, daß der Verband etwa drei Wochen hält, so ist keine Nachbehandlung mehr erforderlich.

Panaritium

Das Panaritium ist eine infektiöse, schnell eiternde Entzündung der Haut und des Unterhautgewebes des Zwischenklauenspaltes. Je nach dem Sitz unterscheidet man ein Kronenpanaritium, ein Zwischenklauenpanaritium und ein Ballenpanaritium (Bild 26, Seite 71). Es ist eine leichtere, auf die Haut beschränkt bleibende Form, die von der komplizierten, tieferreichenden Entzündung zu unterscheiden ist. Letztere ergreift rasch Bänder, Sehnen, Gelenke und Knochen.

Das Ballenpanaritium ist selten und neigt nicht zu Komplikationen.

Das Kronenpanaritium ist selten und neigt sehr zu Komplikationen. das Zwischenklauenpanaritium in der Mitte des Zwischenklauenspaltes ist das Panaritium, das man im allgemeinen unter einem solchen versteht.

Ursache
Ein Panaritium entsteht durch Fremdkörper wie kleine Steine und Sand im Zwischenklauenspalt, vor allem wenn ein Zwischenklauenwulst vorhanden ist. Es entsteht vorwiegend bei Weidegang, während Regenperioden (aufgeweichte Haut). Weiterverbreitung durch Ansteckung mit Panaritiumeiter im Stall oder auch auf den Weidewegen.

Anzeichen
Hochgradige Lahmheit.
Starke Schwellung bis zum Fesselgelenk innerhalb eines Tages.
Beeinträchtigung des Allgemeinbefindens.
Fieber.

Behandlung
Durch den Tierarzt.

Nageltritt

Es können die tiefe Beugesehne, das Klauenbein oder auch das Klauensesambein-Kron-

Schnell verlaufende Klauenleiden

beingelenk betroffen werden, je nachdem, wo der Nagel die Klaue trifft.

Anzeichen
Hochgradige Lahmheit.
Starke Schwellung an der Krone, wenn der Nagel die Sehne oder das Gelenk trifft. wenn der Nagel nur das Klauenbein trifft, tritt innerhalb der ersten sechs bis acht Tage keine Schwellung ein. Ein schwarzer Stichkanal ist im Bereich der Klauenhornsohle bei genauer Untersuchung in jedem Fall zu finden.

Behandlung
Nur operativ - durch den Tierarzt ist eine operative Behandlung erfolgversprechend. Die operative Behandlung sollte möglichst innerhalb von acht Tagen erfolgen, da sonst unnötig viel Gewebe vom Eiter zerstört wird.
Sofort Umstallen.

Gabelstich

Der Gabelstich ist eine Verletzung, die weiche Klauen- oder Fußteile betrifft. Der Stich ist im Hautbereich der Zehe der Haare wegen oft schwer zu finden. Im Saum- und Ballenhornbereich ist ein schwarzer Stichkanal bei genauer Untersuchung leichter festzustellen.

Anzeichen
Hochgradige Lahmheit.
Starke Schwellung des ganzen Fußes (Bild 27, Seite 71).

Behandlung
Eine operative Behandlung, die durch den Tierarzt erfolgen muß, ist möglich und erfolgversprechend. Sofort Umstallen (s. Nageltritt).

Klauenbeinbruch

Bei einem Klauenbeinbruch, der das Klauen-Kronbeingelenk nicht betrifft, tritt keine sichtbare Veränderung an der Klaue auf. Der Bruch entsteht im Inneren der Klauenhornkapsel durch Gewalteinwirkung beim Weidegang oder auch im Stall. Am Klauenhornschuh ist keine sichtbare Veränderung festzustellen. Der

Klauenkrankheiten

Bruch kann nur durch Röntgen festgestellt werden.

Anzeichen
Hochgradige Lahmheit - keine Schwellung.

Behandlung
Eine Behandlung, die durch den Tierarzt erfolgen muß, ist möglich und erfolgversprechend. Umstallen.

Abriß des Klauenschuhes

Kommt vor allem in Laufställen bei Spaltenböden mit zu weiten Spalten und auch auf Gitterrosten mit zu großem Abstand der Gitterstäbe vor. Es können auch Teile des Klauenbeines abreißen und im Klauenhornschuh haften bleiben (Abb. 41).

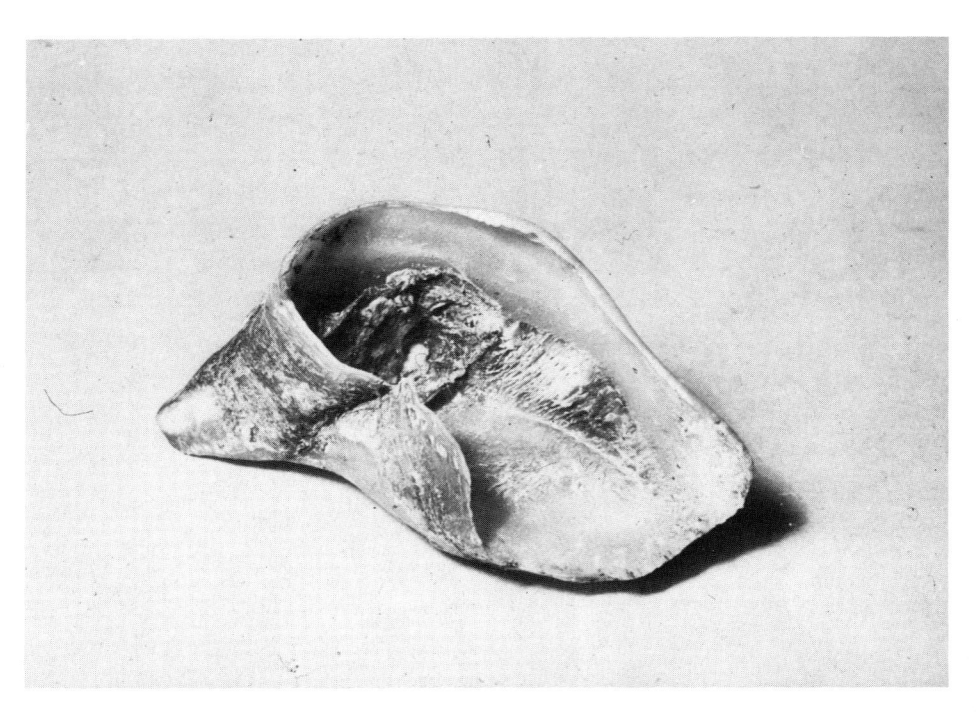

Abbildung 41: Abriß des Klauenhornschuhes mit einem Teil des Klauenbeines

Anzeichen

Hochgradige Lahmheit - zunächst keine Schwellung, der Hornschuh fehlt, hängt noch an der Klauenlederhaut oder ist, auch nach außen, zur Seite gekippt.

Behandlung

Es muß vom Landwirt selbst zunächst wegen der Blutung sofort ein straffer Verband angelegt werden. Zum Schutz der Klauenlederhaut und des Klauenbeines sollte dieser Verband möglichst dick sein. Die Weiterbehandlung durch den Tierarzt ist aussichtsreich, sofern mit dem Abriß des Hornschuhes nicht das gesamte Klauenbein zerstört wurde. Umstallen.

Die verschnittene Klaue

Eine Klaue muß dann als verschnitten bezeichnet werden, wenn mit einem Klauenpflegewerkzeug - Flex, Stoßmesser, Hufmesser - die Klauenlederhaut oder auch das Klauenbein an einer Stelle verletzt - verbrannt wurde, an der vorher nicht defekt war, vor allem in der Lederhaut der Klauenspitze (Bild 28, Seite 72).

Behandlung

Das Anlegen eines Schutzverbandes sofort nach Beendigung des Klauenbeschnittes der betreffenden Zehe ist unbedingt notwendig. Sollte ein Defekt am Klauenknochen entstanden sein, so ist gleich ein Tierarzt zu rufen.

Es entsteht sehr rasch, innerhalb von drei bis vier Tagen, eine Klauensohlenlederhaut - Fäule und Klauenbeininfektion, die nur noch sehr schwer zu behandeln sind - bei verschnittenen Klauen ohne Verband. Sind mehrere Klauenspitzen der Hinterhand verschnitten, so rutschen die Tiere mit einem oder auch beiden Hinterfüßen beim Aufstehen nach rückwärts. Hierbei ist sofort ein Holzbalken hinten, quer zum Tier, anzubringen und unter das Rind eine Lochgummimatte zu legen, um dem Hinterfuß Halt zu bieten; es besteht sonst die Gefahr, daß alle Klauenspitzen der Hinterklauen abreißen.

Behandlung

Schutzverband anlegen - sofort Umstallen.
Wenn innerhalb von sechs bis acht Tagen keine Besserung eintritt, den Tierarzt zuziehen.

Die Grenze für den Klauenpflegenden

Solange sich die Pflege von Klauen und Stallklauen oder auch die Behandlung von Klauenleiden durch alleiniges Beschneiden und Bearbeiten des Hornschuhes erreichen lassen, ist der Klauenpfleger oder der Landwirt zuständig.

Der Hornschuh bildet aber auch die Grenze für den Arbeitsbereich Klauenschneiden.

Der Landwirt oder der Klauenpfleger können also bzw. müssen sogar bei verschiedenen Klauenleiden, wie Bluterguß, Klauengeschwür, eitrige Sohle, verschnittene Klaue usw. nach einem korrekten Klauenbeschnitt die Hornsohle oder die Hornwand bis zur Druck-Weichheit schneiden, das den Defekt umgebende Horn papierdünn schneiden und loses Horn abtragen. Ein Penicillin-Schutzverband an der erkrankten Klaue muß und ein Holzklötzchen an der gesunden Klaue kann anschließend angebracht werden. Der Landwirt und der Klauenpfleger sollten jedoch deutlich die Grenze ihrer Zuständigkeit wissen.

Die Zuständigkeitsgrenze ist da erreicht, wo der Klauenschuh in Richtung Klauenlederhaut aufhört, wenn es zu bluten beginnt und wenn bei einem Klauenleiden nach korrektem Beschnitt und Schutzverband - nach spätestens acht Tagen - noch keine Besserung der Lahmheit, das heißt also des Klauenleidens, eingetreten ist. Ab diesem Punkt beginnen die Klauenoperationen. Von hier an muß dann ein Tierarzt oder eine Tierklinik die Behandlung der Klaue fortführen. Denn auch für einen Tierarzt sind nicht alle Behandlungsmöglichkeiten im Stall durchführbar.

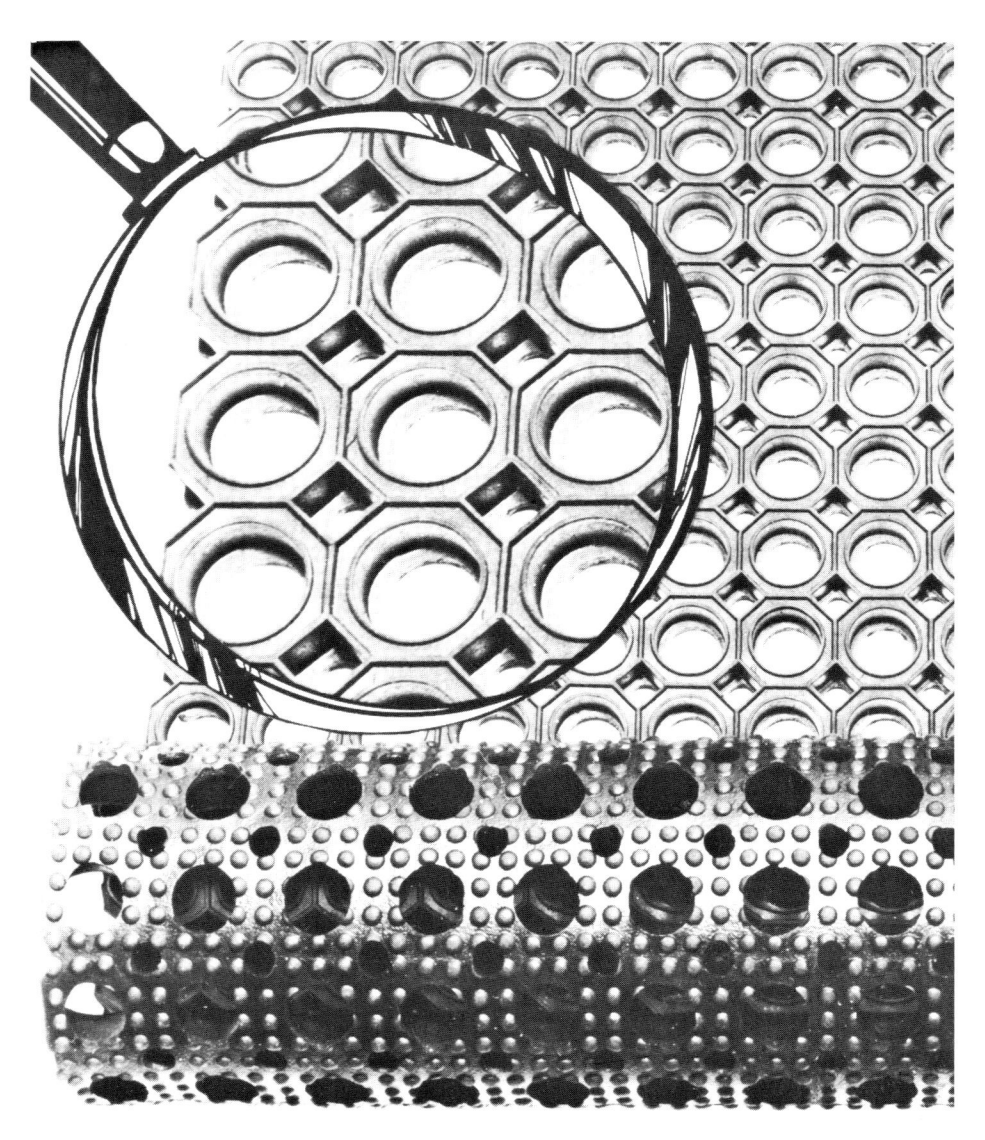

Abbildung 42: Lochgummimatte zum Umstallen klauenkranker Tiere

Umstallen klauenkranker Rinder - Krankenstand

Der Erfolg bei der Klauenpflege klauenkranker Rinder hängt in hohem Maße von einer richtig gewählten Aufstallung des Rindes ab. Diese richtige Aufstallung muß der Erheblichkeit der Erkrankung und des dadurch notwendigen Eingriffes entsprechen. Umstallung auf Lochgummimatten (Abb. 42): Besonders klauenkranke Rinder müssen ein ebenes, trockenes und weiches Lager erhalten. Ferner darf das keine Stufen haben, wie z. B. Spaltenboden, Mittellang- oder Kurzstand.

Das Lager muß gegebenenfalls mit Brettern, Balken und Gummimatten - Lochgummimatten - verlängert, eben und weich gemacht werden. Ebenso muß das Lager genügend Platz haben, mindestens den Platz für zwei Rinder. Es darf auf keinen Fall rutschig sein. Bereits trockenstehende Klauenpatienten, die nicht mehr gemolken werden, sollten eine Freilaufbox erhalten (Abmessung mindestens 2,5 x 2,5 m). Klauenpatienten, die an mehreren Zehen Erkrankungen aufweisen, zum Beispiel zwei oder mehrere Abszesse, mehrere Blutergüsse oder verschnittene Klauen, müssen unbedingt in einer Freilaufbox bei mindestens 50 cm Einstreu gehalten werden, wobei die Unterlage zwischen Boden und der oberen Einstreu so zäh sein muß, daß sie beim Aufstehen des Rindes nicht weggeschoben werden kann. Am besten eignen sich dazu Lochgummimatten, Kälberstrohmist oder Grassilage. Die gleiche Art der Aufstallung, in einer Freilaufbox, ist auch bei Rindern mit verschnittenen Klauen notwendig. Es kann nicht dringend genug auf die sorgfältige Herstellung eines geeigneten Lagers für schwer klauenkranke Rinder hingewiesen werden, um den Behandlungserfolg nicht zu gefährden. Der Landwirt sollte zum Herrichten eines solchen Lagers keine Zeit und Mühe scheuen. Es ist oft die einzige Möglichkeit, klauenkranke Rinder wieder gesund zu bekommen. In jedem Rindviehstall sollte wenigstens für 5 % der Tiere ein Kranken- und Abkalbestall bestehen oder wenigstens die Möglichkeit, kleine Teile des Stalles mit betriebseigenen Mitteln zeitweise dementsprechend umzubauen.

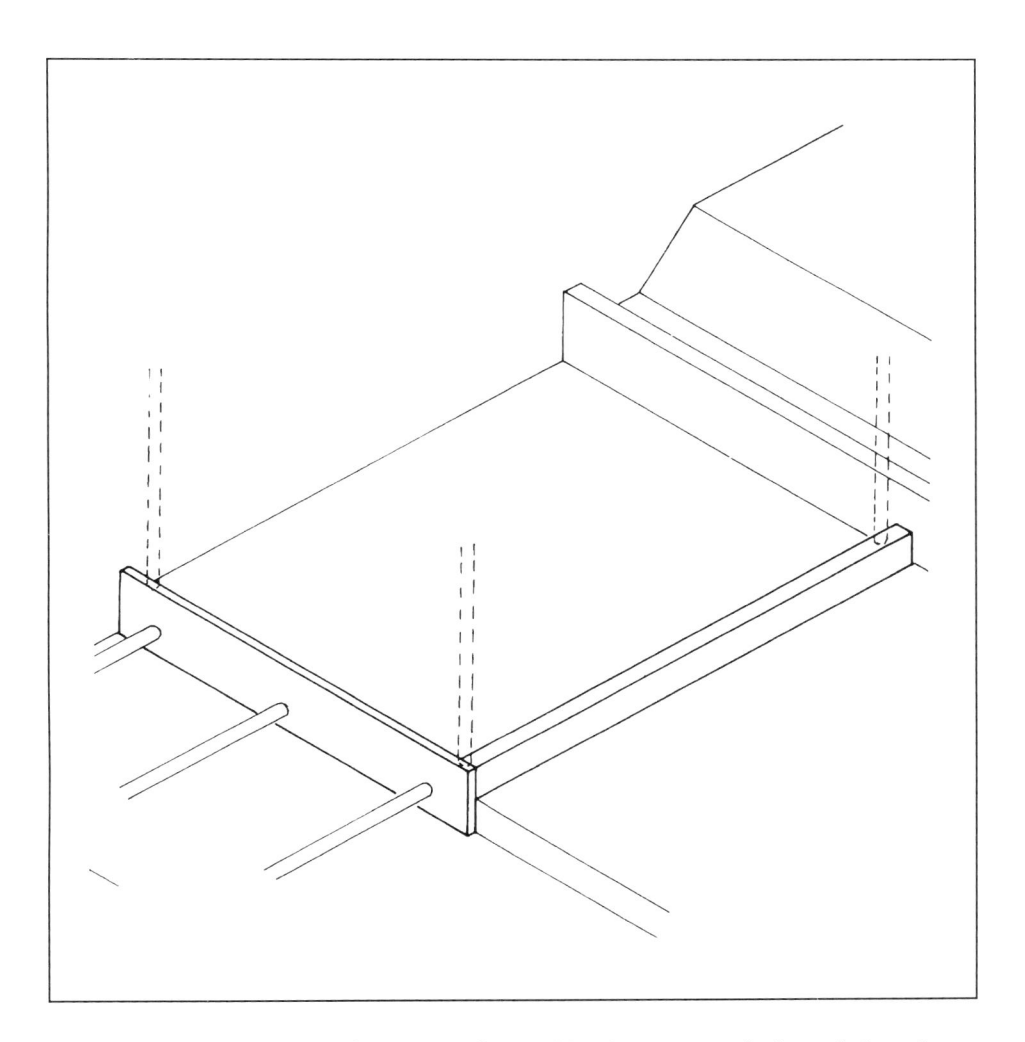

Abbildung 43: Herrichten eines Notlagers mit betriebseigenen Mitteln
a) Kurzstand mit Mistgraben

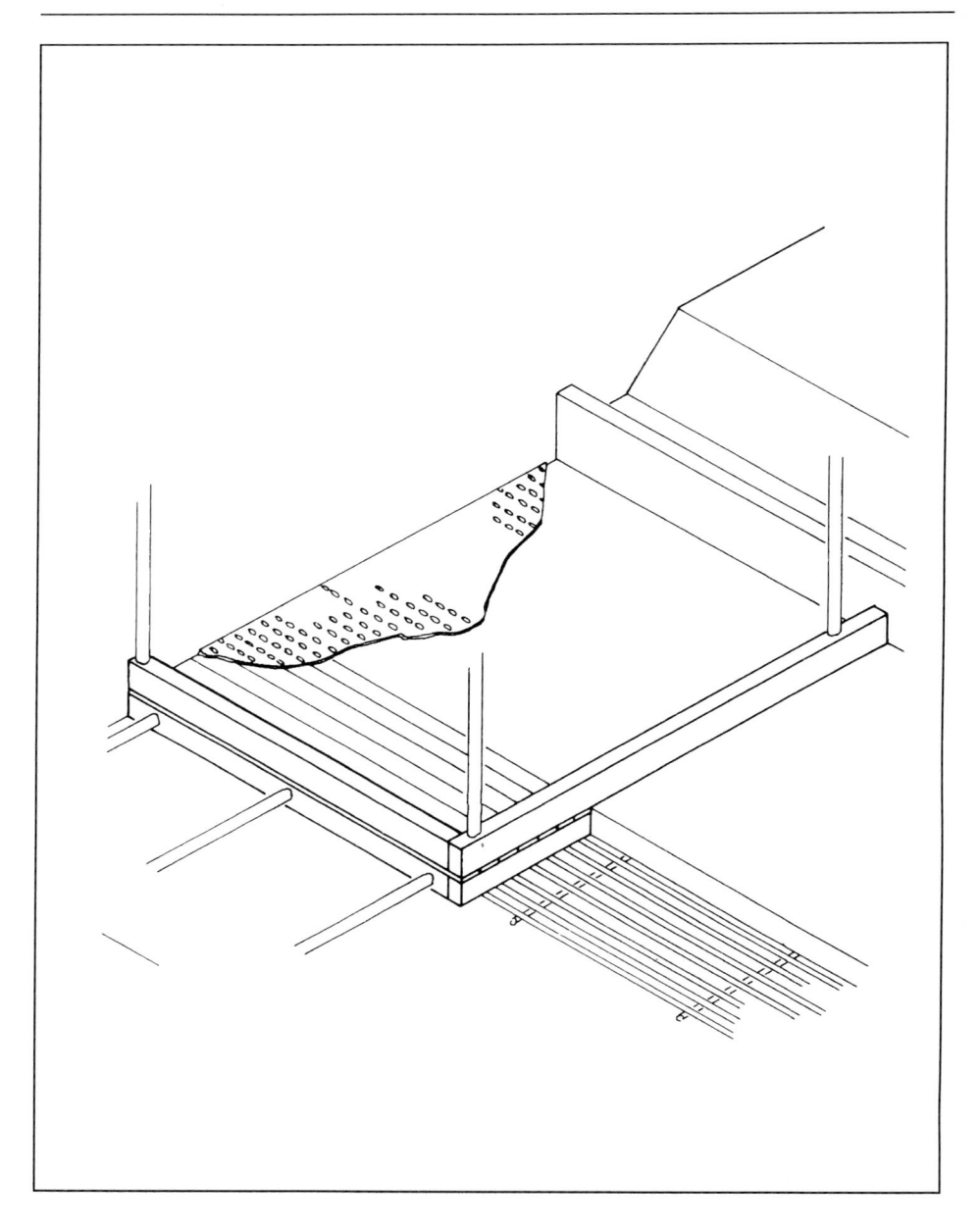

b) Kurzstand mit Gitterrost und Kotstufe

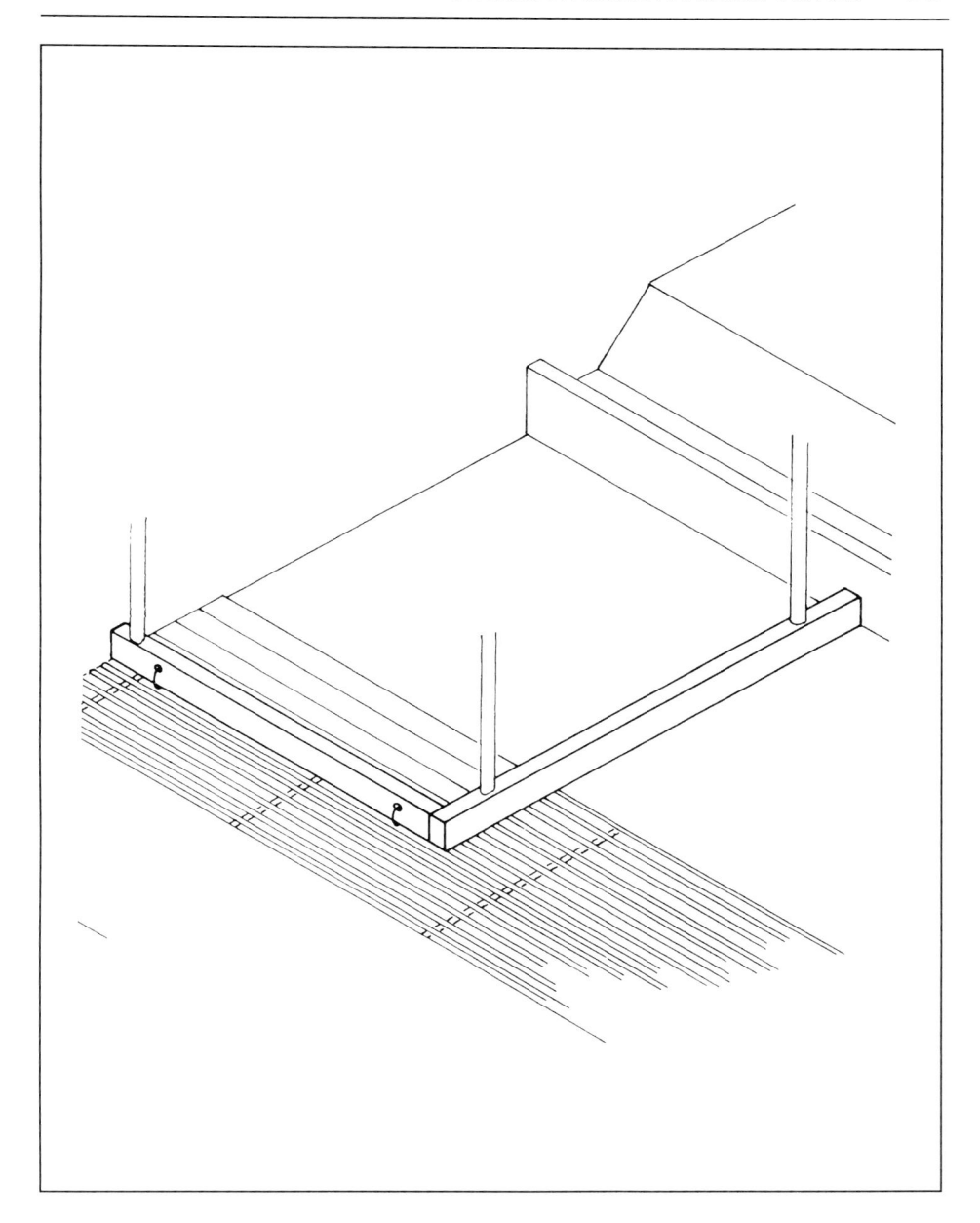

Umstallen klauenkranker Rinder 93

c) Kurzstand mit Gitterrost

94 Klauenkrankheiten

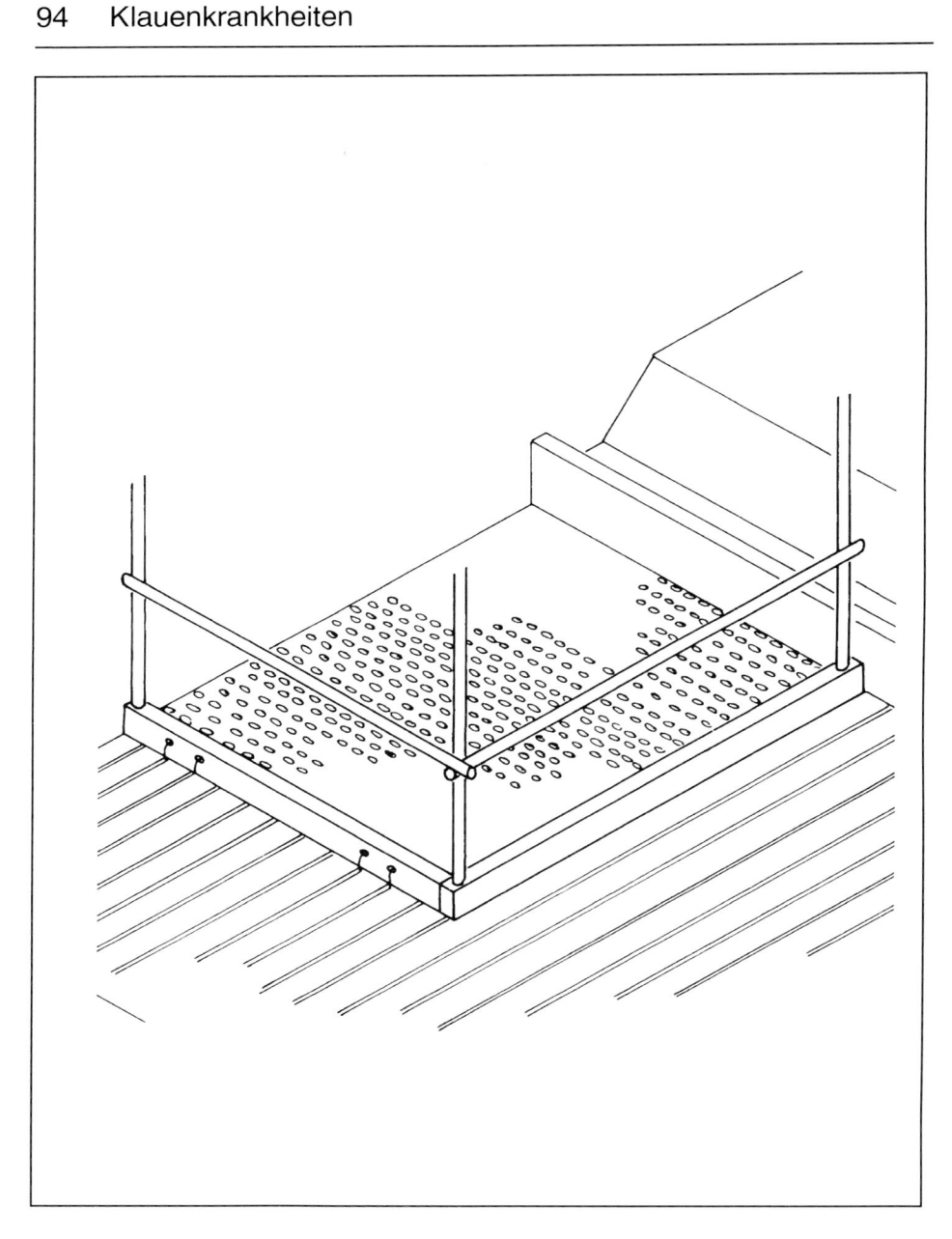

d) Laufstall mit Spaltenboden

Umstallen klauenkranker Rinder 95

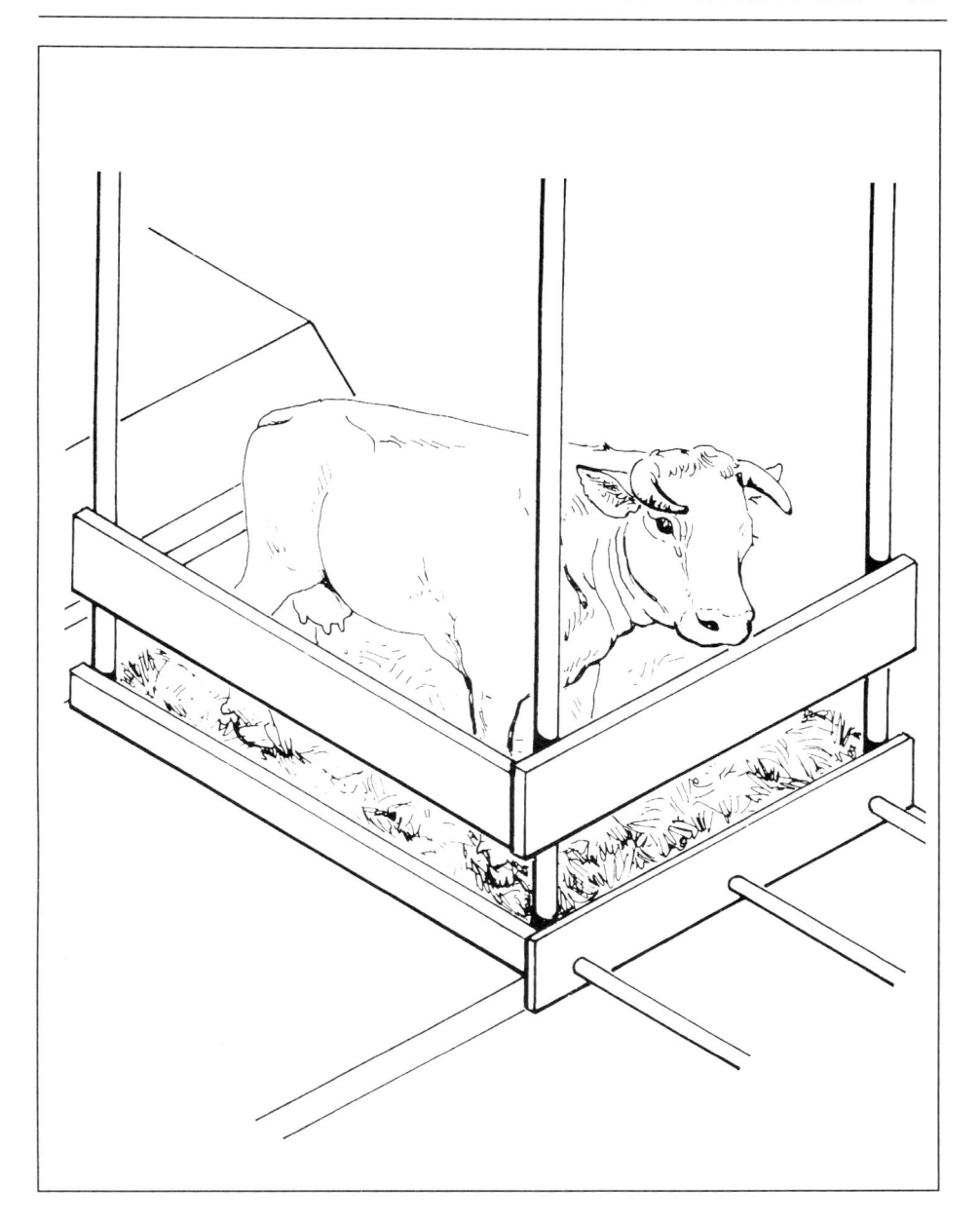

Abbildung 44: Umgestalltes Rind in einer Krankenbox

Klauenkrankheiten

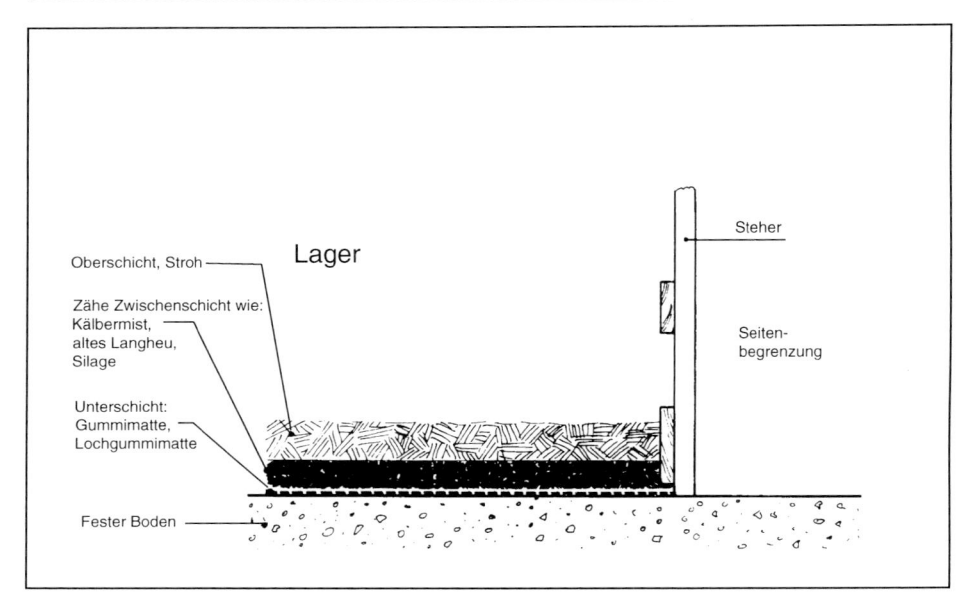

Abbildung 45: Schichtung des Lagers in einer Krankenbox (Schema)

Im Schema erkennbare Beschriftungen:
- Oberschicht, Stroh
- Zähe Zwischenschicht wie: Kälbermist, altes Langheu, Silage
- Unterschicht: Gummimatte, Lochgummimatte
- Fester Boden
- Lager
- Steher
- Seitenbegrenzung

Verbände

Nach dem Abragen von losen Hornsohlen- oder Hornwandteilen bei Blutergüssen, Abszessen oder Klauengeschwüren und auch bei verschnittenen Klauen muß zum Schutz der Klauenlederhaut ein Schutzverband angelegt werden (Bild 30, 31 und 32, Seite 72).

Die Fesselbeuge wird zunächst bis zur Afterklaue durch eine dünne Schicht Zellstoff oder Kunststoffwatte gepolstert. Eine elastische Binde wird dann um die Fesselbeuge herumgewickelt und sodann schräg über die Klauensohle oder Klauenspitze gewickelt. Dies geschieht so oft, bis der Verband die gewünschte

Verbände 97

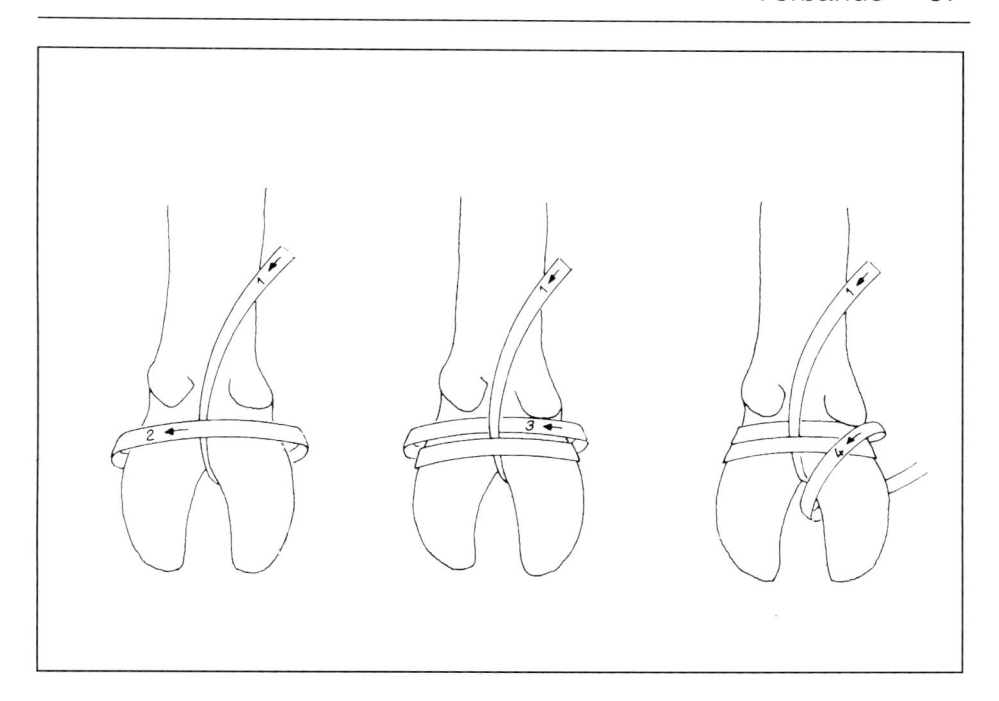

Abbildung 46: Aufgehängter Klauenverband - eine Binde der Reihe nach (1 bis 4) vom Zwischenklauenspalt beginnend um die Fesselbeuge, um Ballen und Klauensohle wickeln - so oft bis die gewünschte Dicke des Verbandes erreicht ist. - Das freie Ende 1 der ersten Binde mit dem Ende der letzten Binde 4 verknüpfen.

Stärke erreicht hat. Zwischendurch muß man immer wieder um die Fesselbeuge herumwickeln (Abb. 46). Der gesamte Verband muß nun mit einem Klebepflaster (Tesa, 5 cm breit) verklebt werden. Keinen Teer verwenden! Teer ist auf oder unter Verband stark ätzend.

Es sollen 8 bis 10 cm breite, elastische Binden Verwendung finden, damit der Verband leicht und straff angelegt werden kann. Nur ein gut angelegter Verband bietet die Gewähr dafür, daß er lange auf der Klaue hält, insbesondere auf Klauenspitzen. Bei guten Stallverhältnissen darf sich der Verband nicht früher als 14 Tage nach dem Verbinden auflösen. Die Afterklauen sind bei einem Verband auszusparen.

Heilmittel

Als Heilmittel bei der Klauenbehandlung, welches unter Verband vorgenommen werden kann, eignet sich am besten Penicillin. Die Vorschriften bei Erwerb und Anwendung von Penicillin sind genau zu beachten.
Eine Probe zum Nachweis von Hemmstoffen in der Milch ist vorsichtshalber einzusenden.
Jede Verwendung von Heilmitteln ist bei Klauenleiden nach sachgerechter Klauenpflege nur als Vorbeugemittel zu verstehen, um Infektionen oder weitere Eiterung an der Klauenlederhaut zu verhindern.
Auch das beste Heilmittel kann eine gute Handwerksarbeit am Klauenhornschuh nicht ersetzen.
Auf keinen Fall scharfe Mittel wie Kupfersulfat, Säuren, Teer, Höllenstein, Formalin, Jod usw. unter Verband nehmen, da solche scharfen Mittel mehr gesundes Gewebe als krankes zerstören.

Holzklötzchen-Kunststoff-Aufbau

Bei Erkrankungen im Bereich der Klauenlederhaut wird der Heilverlauf durch ein Hölzchen auf der gesunden Klaue beschleunigt (Bild 29, Seite 72).
Das Holzklötzchen ist 2 bis 3 cm dick und soll am Ballen etwa 2 cm nach hinten überstehen.
Als Kunststoff werden selbsthärtende Polyester mit oder ohne Glasfaser verwendet.
Beim Aufkleben des Holzklötzchens mit Kunststoff soll die Hornwand der Klaue sowie die Hornsohle mit einer Klauenraspel oder Handschleifmaschine aufgerauht und plangeschliffen werden. Der Ballen muß bei der Kunststoffverarbeitung ganz ausgespart werden (Druckstellengefahr).

Holzklötzchen-Kunststoff-Aufbau 99

Nur Klauen mit einwandfrei gesundem, stabilem Klauenhorn dürfen mit Kunststoff und Holz aufgebaut werden.
Das Vorhandensein kleinster Horndefekte unter dem Holz-Kunststoff-Aufbau kann durch Überdruck zu schweren Klauenlederhaut- und Klauenbeinschäden führen.

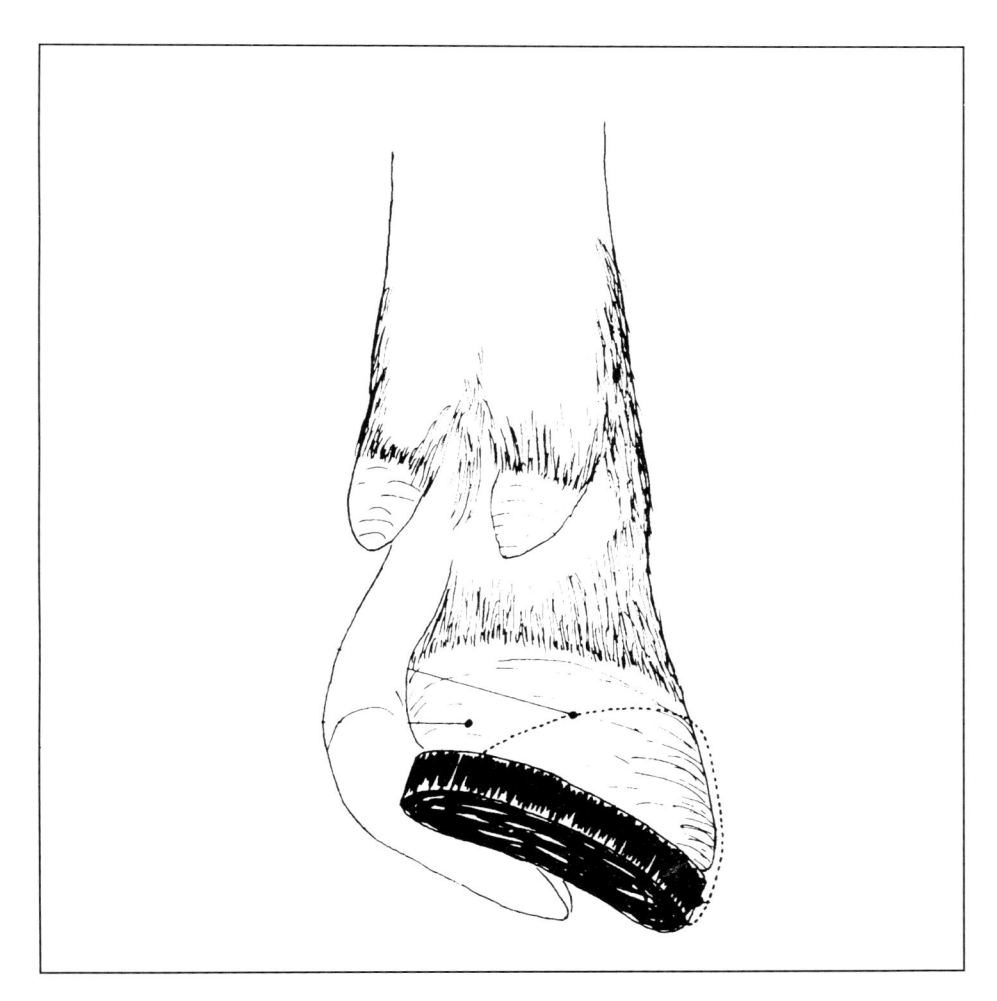

Abbildung 47: Holzstöckl (Holzklötzchen) - schematisch

LITERATURVERZEICHNIS

Feßl, L., 1980: Die Normalklaue des österreichischen Fleckviehrindes. Klinik für Orthopädie bei Huf- und Klauentieren, Vet. med. Univ., Wien.

Homann, M., 1968: Untersuchungen an der tiefen Beugesehne und dem Sesamum ungulae bei Rindern mit Stallklauen. Inaugural-Dissertation, Tierärztl. Fakultät der Ludwig-Maximilians-Universität München.

Koller, G., K. Hammer, B. Mitrach und M. Süss, 1981: Rindviehställe. Handbuch für landwirtschaftliches Bauen 1, Verlagsunion Agrar.

Nickl, R., A. Schummer und E. Seiferle, 1976: Lehrbuch der Anatomie der Haustiere, Band III. Paul Parey.

Peterse, D. J., 1985: Laminitis and Interdigital Dermatitis and Heel Horn Erosion. Food Animal Practice - Vol. 1.

Peterse, D. J. and A. M. von Vuuren, 1984: The influence of rate of concentrates increase on the incidence of footlesions in freshly calved heifers. EAAP Kongress, Den Haag.

Peterse, D. J., S. Korver, J. K. Oldenbroek and F. P. Talmon, 1984: Relationship between levels of concentrate feeding and incidence of sole ulcers in dairy cattle. Veterinary Record, 115, 629 - 630.

Raschel, H., 1980: Genetische Proteine des Horns von Rinderklauen. Inaugural-Dissertation, Tierärztl. Fakultät der Ludwig-Maximilians-Universität München.

Rosenberger, G., 1970: Krankheiten des Rindes. Verlag Paul Parey, Berlin und Hamburg.

Schneider, P.; 1980: Einfluß des Vaters auf Gliedmaßenstellung und Klauenformen, sowie Abriebfestigkeit und Wassergehalt des Klauenhorns der Nachkommen. Inaugural-Dissertation, Tierärztl. Fakultät der Ludwig-Maximilians-Universität München.

Toussaint Raven, E., 1985: Cattle Footcare and Claw Trimming Farming Press Ltd., Ipswich.

Walz, J. 1979: Histologische Untersuchung zur Erfassung der Klauenhornqualität beim Rinde. Inaugural-Dissertation, Tierärztl. Fakultät der Ludwig-Maximilians-Universität München.

BILDVERZEICHNIS

Braml: Bild 2, 3, 10, 11, 13, Abb. 37, 40
Dick: Abb. 29, 30, 31, 32, 33, 34, 35, 37, 38, 39
Glöggler: Abb. 42
Ruppl: Abb. 1, 4, 6, 8, 9, 10, 22, 44
Steinberger: Abb. 2, 3, 11, 12, 13, 14, 15, 18, 19, 20, 21, 27, 28, 43a, b, c, d, 45, 46, 47

Toussaint Raven, Cornelisse: Abb. 26
Wallner, Bild 8, 9, Abb. 23, 24, 25

Titelbild: Wallner Landtechnik GmbH, Matzing, 8225 Traunreut

Alle nicht aufgeführten Bilder und Abbildungen stammen vom Autor.

STICHWORTVERZEICHNIS

Abszeß		Klaue/n	
— Sohlen-/Wand-	83	— Aufbau	11
Ätzmittel		— beinbruch	85, 86
— scharfe Mittel	98	— beschnitt	30
Afterklaue	16	— Feinbau	16
Allgäuer Methode	59	— Flach-	39
Anbindestall	44	— Formen	
Aufstallungsarten	44 ff.	— Stallklauen	31 ff.
— fehlerhafte	47	verformt bleibend	38
— verschiedene	44	— geschwür	79
		— horn	14, 24
Bärentatzigkeit	40	— hornschuh	18
Ballenhornfäule	80	— hornsohle	19
Bluterguß	77	— Abriß des Klauenhornschuhes	86
Feinaufbau des Hornes	16	— Krankheiten	76
Flexmethode	64	— langsam verlaufende	77
Fütterung	28	— schnell verlaufende	83
		— lederhaut	13
Gabelstich	85	— normale	24
		— paar	25
Haltungsbedingungen	29	— Pantoffel-	33
Heilmittel	98	— pflege	26 ff., 88
Hohlkehlung	21	— pflegegeräte	53
Holzklötzchen	98	— pflege-Kipptisch	55
Horn	14	— pflegestand	54
— Entstehungsfaktoren	27	— rehe	82

— Roll-	33	Rusterholzsches	
— Scheren	33	Klauengeschwür	79
— Schnabelschuh-	33		
— schneiden - Methoden	55	Schnecke siehe Limax	
— schneiden	50 ff.	Schutzverband	96, 97
— Senk-	39		
— Spitzwinkel-	39, 42	Stallneubezug	52
— Spreiz-	41	Stützelemente	
— Stall-	26, 27, 31 ff., 38, 66	(= Klauenbein, Kronbein	
— Stumpfwinkel-	42	Fesselbein)	11
— unterhaut	13		
— verschnittene	87	Umstallen klauenkranker	
— Voll-	39	Rinder	90
— Weide-	44		
		Verband	96, 97
Krankenstand	90		
Kunststoff	98	Weiße Linie	20
		Winkelschleif-	
Lahmheiten	77	maschine = Flex	64
Lederhaut siehe			
Klauenlederhaut		Zerfallshorn	35
Liegebox	45	Zuchtwahl	27
Limax	81	Zwischenklauenpanaritium	
Lochgummimatte	89	siehe Panaritium	
		Zwischenklauenwulst	
Nageltritt	84	siehe Limax	
Panaritium	84		